Saludos
Greetings

When people meet, they shake hands.

When two young people meet, they say . . . **¡Hola!**

When two older people greet each other, they say . . .
¡Buenos días!

One addresses a man as . . . **señor,**
a married lady as . . . **señora,**
and an unmarried lady as . . . **señorita.**

Time of day affects greetings as well.

In the morning, the greeting is . . . **¡Buenos días!**

In the afternoon, the greeting is . . . **¡Buenas tardes!**

In the evening, the greeting is . . . **¡Buenas noches!**

Saludos

Nombre _____

Greet each of the following people in Spanish.

1. your best friend _____

2. your teacher _____

3. your dad's boss _____

4. your principal _____

5. an unmarried lady _____

6. the mailman _____

Write the Spanish words that are missing.

_____

_____

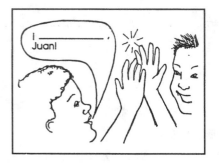

_____

_____

2

¿Cómo estás?
How are you?

Nombre _____

Escribe en español.

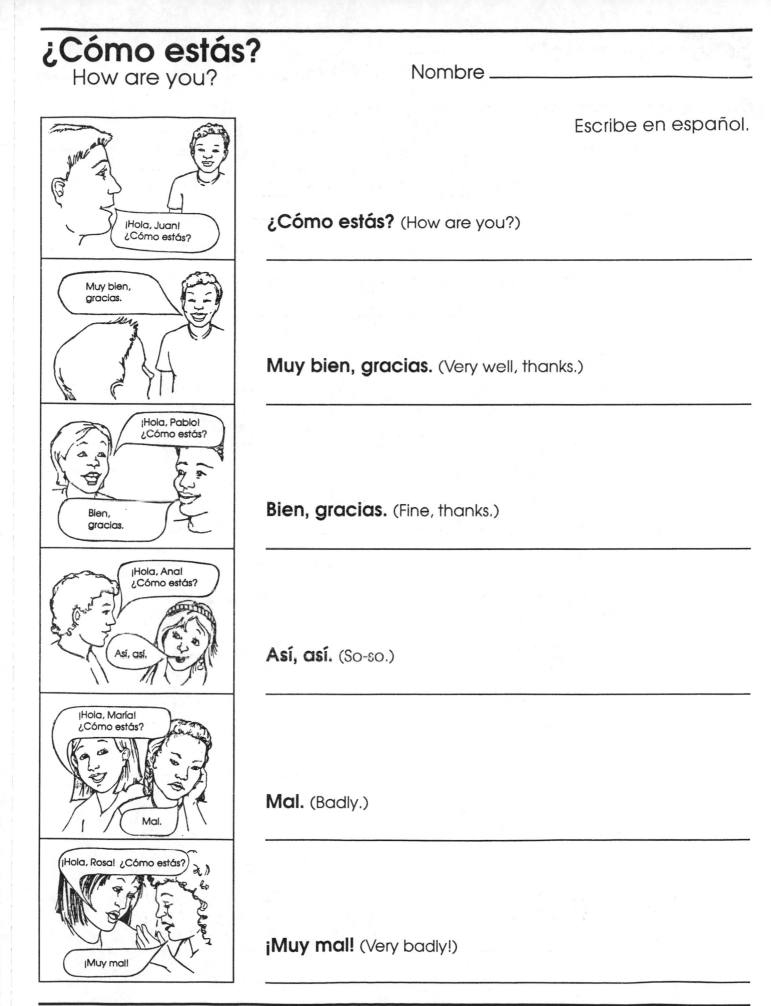

¿Cómo estás? (How are you?)

_____

Muy bien, gracias. (Very well, thanks.)

_____

Bien, gracias. (Fine, thanks.)

_____

Así, así. (So-so.)

_____

Mal. (Badly.)

_____

¡Muy mal! (Very badly!)

_____

¿Cómo estás?

Define the following terms.

¿Cómo estás? _____

Bien, gracias. _____

¡Muy mal! _____

Así, así. _____

Muy bien. _____

Mal. _____

Answer according to the pictures.

_____

_____

_____

_____

_____

Repaso
Review

Nombre _____

Completa con las **palabras apropiadas**. (Complete with the appropriate words.)

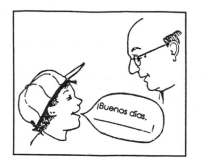

5   1-56822-198-3 • Spanish

Adiós
Good-bye

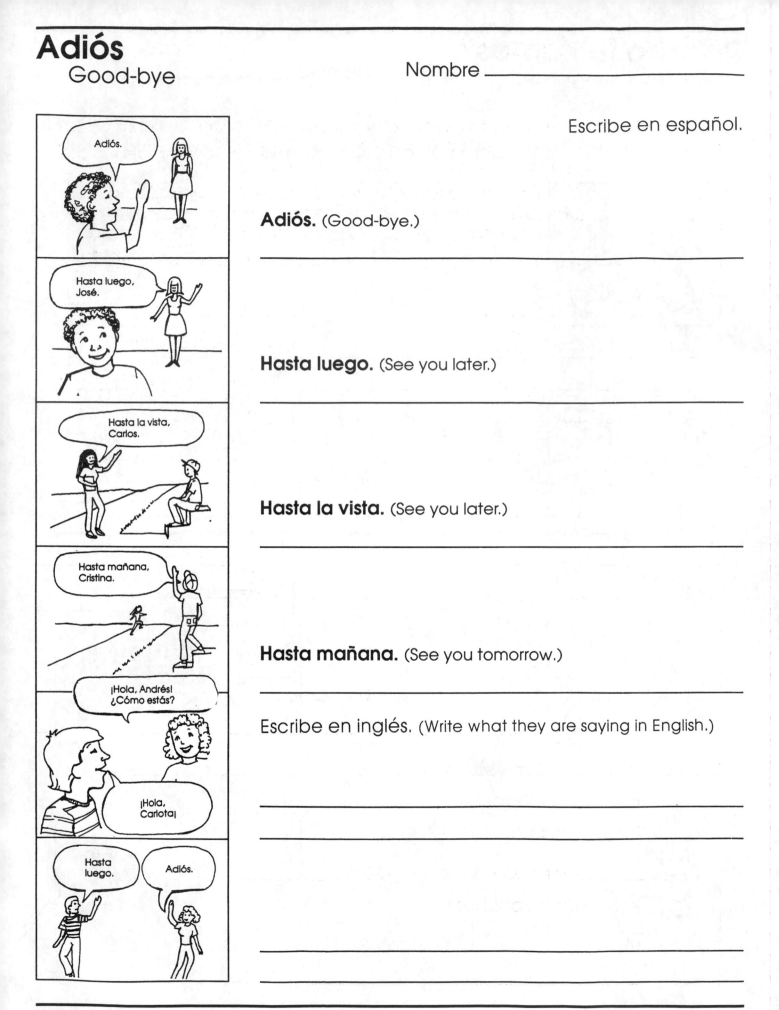

Escribe en español.

Adiós. (Good-bye.)

_____

Hasta luego. (See you later.)

_____

Hasta la vista. (See you later.)

_____

Hasta mañana. (See you tomorrow.)

_____

Escribe en inglés. (Write what they are saying in English.)

_____

_____

_____

¿Cómo te llamas?
What's your name?

Nombre_____

In Spanish there are two ways to ask "What's your name?" **¿Cómo se llama usted?** is more formal. It uses the word **usted**, a polite form of the word "you." **Usted** is usually used with someone you don't know very well or who is older than you.

The second way, **¿Cómo te llamas tú?**, is less formal. It uses the word **tú**, a familiar form of the word "you." **Tú** is usually used with someone you know very well (a family member or close friend), someone younger than you, or a pet.

The answer, **Me llamo . . .** (My name . . .), is used to answer both styles of questions.

Escribe en español.

¿Cómo se llama usted?

_____

Me llamo . . .

_____

¿Como te llamas tú?

_____

Me llamo . . .

_____

Completa las frases. (Complete the sentences.)

Me llamo Domingo, ¿Cómo te _____?

_____ llamo Catalina.

Me _____ Señora de Pacheco. ¿Cómo _____ llama usted?

_____ llamo Señor Sánchez.

Me llamo Julia. ¿_____ te llamas?

Me llamo _____ .

Repaso
Review

I. Write the Spanish words to complete the dialogues.

II. Greet the people below in Spanish.

_____ _____ _____ _____

III. Now tell them each good-bye in different ways.

_____ _____ _____ _____

_____ _____ _____ _____

Los números
Numbers

Escribe los números en español.

1	2	3
uno	dos	tres

4	5	6
cuatro	cinco	seis

7	8	9
siete	ocho	nueve

10	11	12
diez	once	doce

13	14	15
trece	catorce	quince

16	17	18
dieciséis	diecisiete	dieciocho

19	20	21
diecinueve	veinte	veintiuno

22	23	24
veintidós	veintitrés	veinticuatro

25	26	27
veinticinco	veintiséis	veintisiete

28	29	30
veintiocho	veintinueve	treinta

Los números

Nombre _____

Escribe los números en español.

31 **treinta y uno**	32 **treinta y dos**	33 **treinta y tres**
34 **treinta y cuatro**	35 **treinta y cinco**	36 **treinta y seis**
37 **treinta y siete**	38 **treinta y ocho**	39 **treinta y nueve**
40 **cuarenta**	41 **cuarenta y uno**	42 **cuarenta y dos**
43 **cuarenta y tres**	44 **cuarenta y cuatro**	45 **cuarenta y cinco**
46 **cuarenta y seis**	47 **cuarenta y siete**	48 **cuarenta y ocho**
49 **cuarenta y nueve**	50 **cincuenta**	51 **cincuenta y uno**
52 **cincuenta y dos**	53 **cincuenta y tres**	54 **cincuenta y cuatro**
55 **cincuenta y cinco**	56 **cincuenta y seis**	57 **cincuenta y siete**
58 **cincuenta y ocho**	59 **cincuenta y nueve**	60 **sesenta**

Los números

Escribe los números en español.

61	62	63
sesenta y uno	sesenta y dos	sesenta y tres

64	65	66
sesenta y cuatro	sesenta y cinco	sesenta y seis

67	68	69
sesenta y siete	sesenta y ocho	sesenta y nueve

70	71	72
setenta	setenta y uno	setenta y dos

73	74	75
setenta y tres	setenta y cuatro	setenta y cinco

76	77	78
setenta y seis	setenta y siete	setenta y ocho

79	80	81
setenta y nueve	ochenta	ochenta y uno

82	83	84
ochenta y dos	ochenta y tres	ochenta y cuatro

85	86	87
ochenta y cinco	ochenta y seis	ochenta y siete

88	89	90
ochenta y ocho	ochenta y nueve	noventa

Los números

91 noventa y uno	92 noventa y dos	93 noventa y tres
94 noventa y cuatro	95 noventa y cinco	96 noventa y seis
97 noventa y siete	98 noventa y ocho	99 noventa y nueve
100 cien	101 ciento uno	200 doscientos
202 doscientos dos	300 trescientos	303 trescientos tres
400 cuatrocientos	404 cuatrocientos cuatro	500 quinientos
600 seiscientos	700 setecientos	800 ochocientos
900 novecientos	1,000 mil	1,100 mil cien
1,500 mil quinientos	2,000 dos mil	10,000 diez mil
100,000 cien mil	1,000,000 un millón	2,000,000 dos millones

Nota: Ciento/os changes to cienta/as when used with feminine nouns.
ejemplos: doscient**os** chicos, doscient**as** chicas

Practica con los números

Nombre_____

Escribe los números en español.

1. 67_____   6. 515_____

2. 181_____   7. 926_____

3. 92_____   8. 304_____

4. 74_____   9. 1,200_____

5. 243_____   10. 4,000_____

11. 500,126 _____

12. 1,894,037_____

13. 3,600,012_____

14. 987,651_____

Escribe los números.

1. trescientos noventa y tres _____   8. novecientos dos _____

2. cincuenta y cuatro _____   9. quinientos _____

3. ocho mil siete _____   10. quince mil _____

4. mil ciento uno _____   11. un millón seiscientos _____

5. setecientos trece _____   12. diez mil veintidós _____

6. dos mil once _____   13. setecientos treinta _____

7. un millón catorce _____   14. catorce millones _____

Write how you would say the following years in Spanish.

ejemplo: 1995 **mil novecientos noventa y cinco**

1492 _____

1776 _____

1955 _____

1812 _____

1548 _____

1637 _____

Los días de la semana
Days of the Week

Nombre _____

lunes	martes	miércoles	jueves	viernes	sábado	domingo
	1	2	3	4	5	6
7	8	9	10	11	12	13
14	15	16	17	18	19	20
21	22	23	24	25	26	27
28	29	30	31			

Escribe los días en español.

lunes
(Monday)

martes
(Tuesday)

miércoles
(Wednesday)

jueves
(Thursday)

_____

_____

_____

_____

viernes
(Friday)

sábado
(Saturday)

domingo
(Sunday)

el día
(day)

_____

_____

_____

_____

I. Escribe los días de la semana. (**Note:** In Spanish Monday comes first.)

_____

_____

II. Escribe el día siguiente.
   (Write the following day.)

martes _____

domingo _____

jueves _____

lunes _____

viernes _____

sábado _____

miércoles _____

III. Escribe en español.
   (Write in Spanish.)

Sunday _____

Tuesday _____

Wednesday _____

Monday _____

Friday _____

Thursday _____

Saturday _____

Los meses del año
Months of the Year

Nombre _____

Escribe los meses en español.

enero (January)	**mayo** (May)	**septiembre** (September)
_____	_____	_____
febrero (February)	**junio** (June)	**octubre** (October)
_____	_____	_____
marzo (March)	**julio** (July)	**noviembre** (November)
_____	_____	_____
abril (April)	**agosto** (August)	**diciembre** (December)
_____	_____	_____

I. Escribe el mes siguiente. (Write the following month.)

marzo _____	**enero** _____
diciembre _____	**abril** _____
julio _____	**agosto** _____
octubre _____	**mayo** _____
febrero _____	**septiembre** _____
junio _____	**noviembre** _____

II. ¿Cuántos días hay en cada mes? Escribe los números en español.
(How many days are in each month? Write the numbers in Spanish.)

junio _____	**octubre** _____
diciembre _____	**julio** _____
agosto _____	**noviembre** _____
febrero _____	**mayo** _____

¿Qué fecha es hoy?
What is the date?

Nombre _____

abril

				1	2	3
4	5	6	7	8	9	10
11	12	13	14	15	16	17
18	19	20	21	22	23	24
25	26	27	28	29	30	

¿Qué fecha es hoy? (What is today's date?)

Hoy es el once de abril. (Today is the 11th of April.)

septiembre

	1	2	3	4	5	6
7	8	9	10	11	12	13
14	15	16	17	18	19	20
21	22	23	24	25	26	27
28	29	30				

¿Qué fecha es hoy?

Hoy es el primero de septiembre. (Today is September 1st.)

Escribe las fechas en español.

febrero

	1	2	3	4	5	6
7	8	9	10	11	12	13
14	15	16	17	18	19	20
21	22	23	24	25	26	27
28						

¿Qué fecha es hoy?

_____ **es el** _____ **de** _____

diciembre

		1	2	3	4
5	6	7	8	9	10	11
12	13	14	15	16	17	18
19	20	21	22	23	24	25
26	27	28	29	30	31	

¿Qué fecha es hoy?

_____ **es el** _____ **de** _____

enero

					1	2
3	4	5	6	7	8	9
10	11	12	13	14	15	16
17	18	19	20	21	22	23
24/31	25	26	27	28	29	30

¿Qué fecha es hoy?

_____ **es el** _____ **de** _____

¿Qué fecha es . . .

hoy? _____

mañana? (tomorrow) _____

tu cumpleaños? (your birthday) _____

la Navidad? (Christmas) _____

el día de la Independencia? (Independence Day) _____

el primer día de clases? (the first day of school) _____

el Día de Gracias? (Thanksgiving) _____

la Víspera de todos los Santos? (Halloween) _____

Me gusta . . .
I like . . .

Nombre _____

Me gusta la televisión.

_____

Me gusta la radio.

_____

Me gusta la música.

_____

Me gusta el español.

_____

Me gusta la escuela.

_____

Me gusta el cine.

_____

Me gusta . . .

Escribe las frases en español.

Me gusta el dinero.

_____

Me gusta el tenis.

_____

Me gusta el fútbol.

_____

Me gusta el béisbal.

_____

Note: Gusta becomes gust**an** when what you like is plural.

Me gustan las uvas.

_____

Me gustan los refrescos.

_____

Me gusta(n) mucho . . .
I really like . . .

Nombre_____

Escribe las frases en español.

Me gusta mucho el chocolate.

_____

Me gusta mucho el helado.

_____

Me gusta mucho el queso.

_____

Me gusta mucho la torta.

Note: Gusta becomes gust**an** when what you like is plural.

Me gustan mucho las fresas.

_____

Me gustan mucho las vacaciones.

No me gusta(n) . . .
I don't like . . .

Nombre_____

Escribe las frases en español.

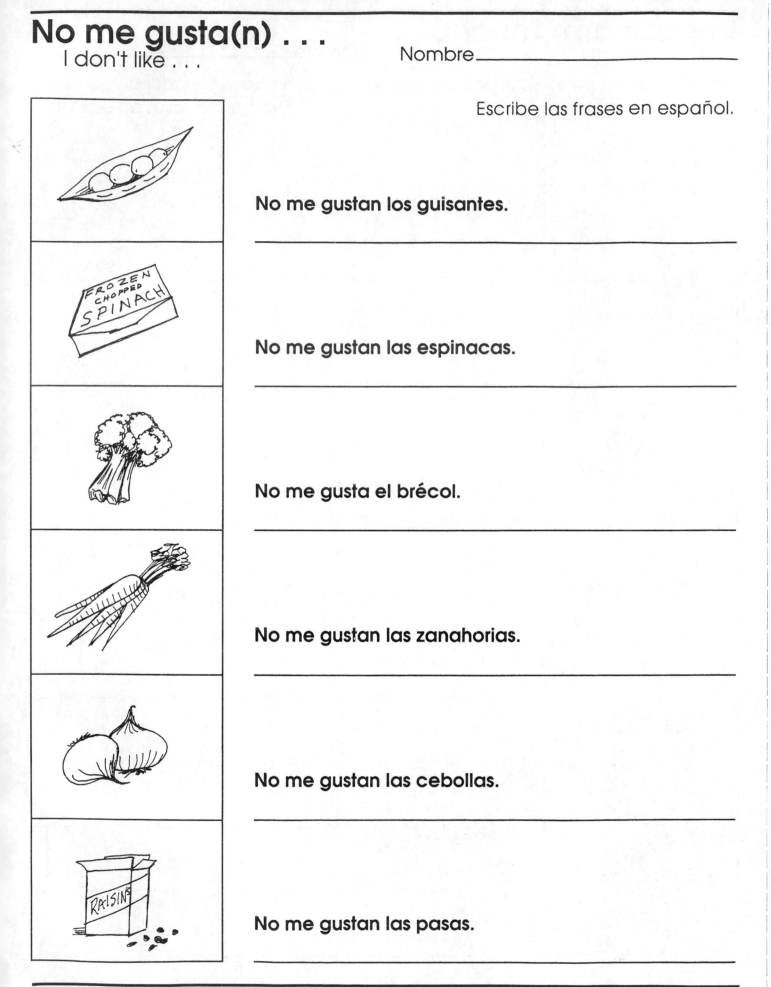

No me gustan los guisantes.

_____

No me gustan las espinacas.

_____

No me gusta el brécol.

_____

No me gustan las zanahorias.

_____

No me gustan las cebollas.

_____

No me gustan las pasas.

_____

Repaso

Write each item in the correct category in Spanish to show whether you **like**, **like a lot**, or **dislike** each one.

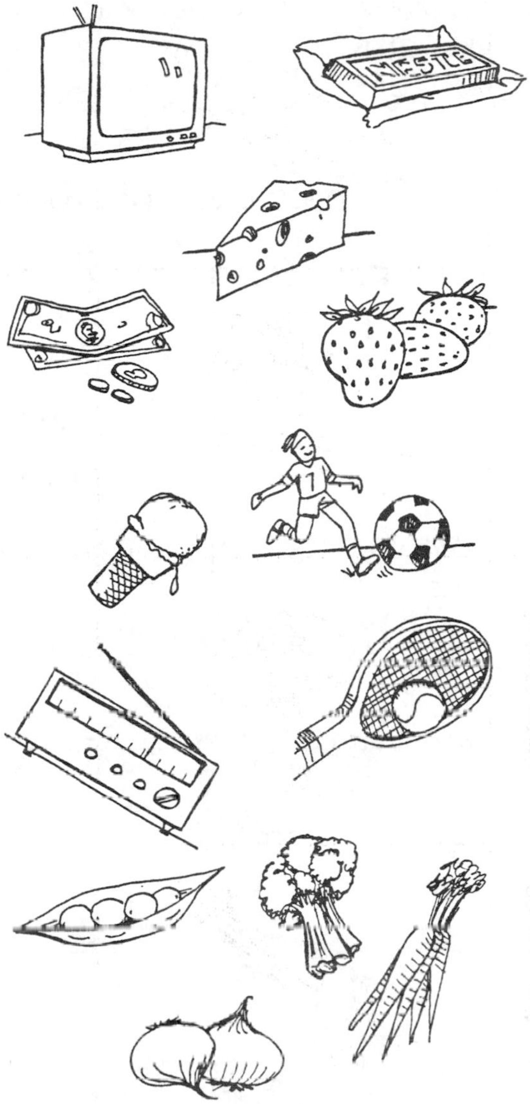

Me gusta(n) . . .

_____

_____

_____

_____

Me gusta(n) mucho . . .

_____

_____

_____

_____

No me gusta(n) . . .

_____

_____

_____

_____

Tell whether or not you like the items pictured.

_____

_____

_____

_____

¿Te gusta . . .?
Do you like . . .?

Nombre _____

To ask someone you know well if he/she likes something, use the **familiar** form, **¿Te gusta(n)?**

To ask someone you do not know well or is older than you are if he/she likes something, use the **formal** form, **¿Le gusta(n)?**

Answer these questions with "**me gusta(n)**" or "**no me gusta(n)**."

Example: (familiar) **¿Te** gust**a** el helado? (Do you like ice cream?)

Sí, **me** gust**a** el helado. (Yes, I like ice cream.)

(formal) **¿Le** gust**an** las pasas? (Do you like raisins?)

No, no **me** gust**an** las pasas. (No, I don't like raisins.)

*Remember that gust**a** becomes gust**an** when the subject is more than one.

Write a question asking each person what they think of each pictured item.

1. (your little brother)

   ¿Te gusta _____

2. (an old man)

   ¿ Le gustan _____

3. (your best friend)

   _____

4. (your teacher)

   _____

5. (the mailman)

   _____

6. (your classmate)

   _____

Los actividades–verbos
Activities–Verbs

Nombre _____

Escribe en español.

enseñar
(to teach)

_____

bailar
(to dance)

_____

trabajar
(to work)

_____

jugar
(to play)

_____

cantar
(to sing)

_____

escuchar la radio
(to listen to the radio)

_____

caminar
(to walk)

_____

Los actividades–verbos

Nombre_____

Escribe en español.

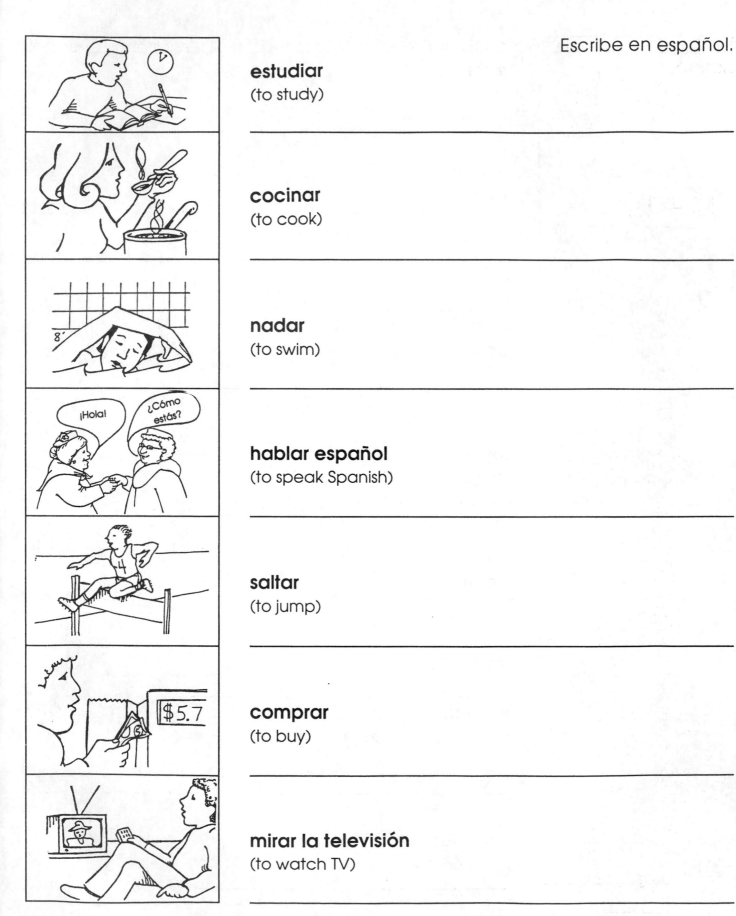

estudiar
(to study)

_____

cocinar
(to cook)

_____

nadar
(to swim)

_____

hablar español
(to speak Spanish)

_____

saltar
(to jump)

_____

comprar
(to buy)

_____

mirar la televisión
(to watch TV)

_____

Los actividades

Tell whether you **like**, **like a lot**, or **do not like** to do the activities in each picture.

¿Y a ti?
And you?

Contesta en español. (Answer in Spanish.)

Verbos que terminan en –ar
Verbs that end in -ar

Nombre _____

You have learned how to speak in Spanish about what you like and do not like to do. It is also useful to be able to tell what you and other people do.

Most verbs in Spanish end in -**ar** (cant**ar** = to sing, trabaj**ar** = to work, nad**ar** = to swim). This form of the verb is called the infinitive.

The **stem** of the verb is the infinitive minus the -**ar** (example: hablar–ar = habl). Different endings are added to the stem for each subject.

Here are the subject pronouns and the endings for each one for the sample verb **hablar**.

Hablar					
Singular			**Plural**		
I you (fam.)	yo tú	habl**o** habl**as**	we	nosotros nosotras	habl**amos**
you (formal) he she it	usted él ella él/ella	} habl**a**	you (pl.) they	ustedes ellos/ellas	} habl**an**

Study the list of verbs below.

hablar	= to speak		**tocar**	= to play
cantar	= to sing		**visitar**	= to visit
nadar	= to swim		**saludar**	= to greet
escuchar	= to listen (to)		**mirar**	= to look (at)
bailar	= to dance		**contestar**	= to answer
estudiar	= to study		**cocinar**	= to bake
	comprar	= to buy	**saltar**	= to jump
	trabajar	= to work		
	preparar	= to prepare		
	caminar	= to walk		
	desear	= to want		
	llevar	= to wear		
	llorar	= to cry		

Verbos que terminan en –ar

Nombre_____

I. Write the stems of the verbs below.

escuchar _____   trabajar _____   saltar _____

nadar _____   cocinar _____   comprar _____

estudiar _____   caminar _____   llevar _____

cantar _____   mirar _____   contestar _____

II. Write the **-ar** endings for each of the subject pronouns below.

tú _____   yo _____   usted _____

él _____   nosotros _____   ellos _____

ustedes _____   nosotras _____   ella _____

III. Write the correct form for each subject for the verbs below.

cantar   stem _____

yo _____   él _____   ustedes _____

tú _____   nosotros _____   ellos _____

estudiar   stem _____

yo _____   ella _____   ustedes _____

tú _____   nosotros _____   ellas _____

llevar   stem _____

yo _____   él _____   ustedes _____

tú _____   nosotros _____   ellas _____

Verbos que terminan en –ar

Nombre _____

Use the pictures to write and conjugate the verbs.

verb _____ stem _____

yo _____ ella _____ ustedes _____

tú _____ nosotros _____ ellos _____

verb _____ stem _____

yo _____ ella _____ ustedes _____

usted _____ nosotras _____ ellas _____

verb _____ stem _____

yo _____ ella _____ ustedes _____

tú _____ nosotros _____ ellos _____

verb _____ stem _____

yo _____ él _____ ustedes _____

tú _____ nosotras _____ ellos _____

verb _____ stem _____

yo _____ ella _____ ustedes _____

tú _____ nosotros _____ ellas _____

verb _____ stem _____

yo _____ él _____ ustedes _____

usted _____ nosotros _____ ellas _____

Repaso

I. Matching.

1. I sing.   _____ Yo canto.

2. He dances.   _____ Ella escucha.

3. They talk.   _____ Nosotros trabajamos.

4. You jump (fam.)   _____ Tú saltas.

5. She listens.   _____ Usted cocina.

6. You cook. (formal)   _____ Ellos hablan.

7. We work.   _____ El baila.

II. Fill in the blank with the appropriate verb form.

Ellas_____ **El**_____ **Ella**_____

Ella_____ **Yo**_____ **Ustedes**_____

Usted_____ **Tú**_____ **Yo**_____
matemáticas.   español.   mucho.

Ellos_____ **Ellos**_____ **Nosotros**_____
la televisión.   la radio.   tenis.

La ropa
Clothing

Nombre _____

Escribe las palabras en español.

el abrigo	los pantalones cortos	el suéter	el vestido
la falda	la corbata	la camiseta	los zapatos
los calcetines	los sandalias	el traje de baño	la chaqueta

Escribe las frases en español.

1. I like T-shirts.

_____

2. Marcos is wearing shorts.

_____

3. Ana and Maria wear dresses.

_____

4. We're wearing swimming suits.

_____

5. I'm buying a tie.

6. Do you like to wear sandals?

_____

7. They're buying skirts.

_____

8. She's buying the coat.

_____

9. I like sweaters.

_____

10. He's wearing a jacket.

Las preguntas
The Questions

To form a yes/no question in Spanish, reverse the order of the subject and the verb. An inverted question mark is used at the beginning of the question.

Ejemplo: ¿Hablas tú español?

             ↑   ↑

       (verb)(subject)

*Remember that a question asked of **you** (addressed as tú or usted) should be answered with **I** (yo). A question asked of **you** plural (ustedes) should be answered with **we** (nosotros).

    ¿Hablas tú español? (Do you speak Spanish?)
    Sí, yo hablo español. (Yes, I speak Spanish.)

    ¿Hablan ustedes español? (Do you (plural) speak Spanish?)
    Sí, nosotros hablamos español. (Yes, we speak Spanish.)

Contesta las preguntas en español.
(Answer the questions in Spanish.)

1. **¿Habla ella inglés?**

   Sí,_____.

2. **¿Prepara ella la comida?**

   Sí,_____.

3. **¿Escucha usted la radio?**

   Sí,_____.

4. **¿Cantan ellos bien?**

   No,_____.

5. **¿Baila él bien?**

   Sí,_____.

6. **¿Estudias tú historia?**

   No,_____.

7. **¿Llevan ellas vestidos?**

   Sí,_____.

8. **¿Nadan ustedes en la piscina?**

   Sí,_____.

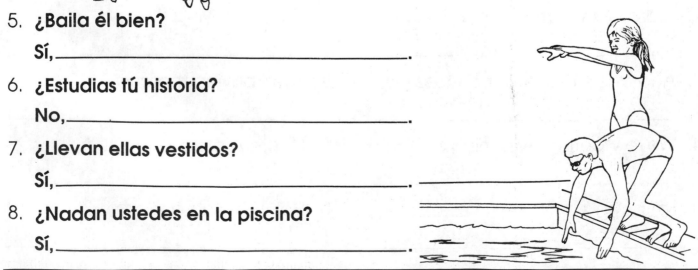

Las preguntas

Nombre _____

1. ¿ _____?
No, ella no nada bien.

2. ¿ _____?
Sí, nosotros caminamos.

3. ¿ _____?
No, él no habla francés.

4. ¿ _____?
Sí, ellas escuchan la radio.

5. ¿ _____?
No, yo no toco la guitarra.

6. ¿ _____?
Sí, nosotros visitamos España.

7. ¿ _____?
No, ella no lleva abrigo.

8. ¿ _____?
Sí, yo estudio ciencias (science).

9. ¿ _____?
No, ellos no bailan.

10. ¿ _____?
Sí, yo hablo español.

11. ¿ _____?
No, él no mira la televisión.

12. ¿ _____?
Sí, nosotros cantamos.

13. ¿ _____?
Sí, ella cocina.

¡Hola!

Las preguntas

Nombre _____

Contesta las preguntas según las fotos.
(Answer the questions according to the pictures.)

1. **¿Hablas tú inglés?**

   _____

2. **¿Qué habla él?**

   _____

3. **¿Miran ellas la televisión?**

   _____

4. **¿Qué te gusta?**

   _____

5. **¿Nada usted?**

   _____

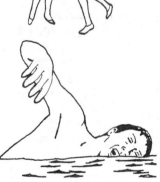

6. **¿Escuchas tú la radio?**

   _____

7. **¿Llora ella?**

   _____

8. **¿Qué tocas tú?**

   _____

9. **¿Cantan ellas?**

   _____

10. **¿Saludan ellos?**

    _____

11. **¿Qué estudia ella?**

    _____

Los negativos
Negatives

Nombre _____

To make a sentence negative, simply put the word **no** (not) before the verb.

ejemplo: **Yo hablo español.** (I speak Spanish.)

Yo no hablo español. (I do **not** speak Spanish.)

Make each sentence negative.

Ellos saltan.

_____

Ellas nadan.

_____

El camina.

_____

Yo miro la televisión.

_____

Nosotros bailamos.

_____

Ella estudia.

_____

¿Qué quiere decir?
What does that mean?

Write the meaning of the questions and answers below in English.

¿Bailan ustedes?

_____

Sí, bailamos mucho.

_____

¿Miras tú la televisión?

_____

Sí, yo miro la televisión.

_____

¿Saltan ellas?

_____

Sí, ellas saltan bien.

_____

¿Trabajan ellos?

_____

Sí, ellos trabajan.

_____

¿Nada ella?

_____

Sí, ella nada.

_____

¿Cantas tú bien?

_____

Sí, yo canto bien.

_____

Answering Questions Negatively

Nombre_____

Respond to the following questions negatively. (The first "no" means **no** in answer to the question. The "no" before the verb means **not**.)

ejemplo: **¿Bailas tú?** (Do you dance?)

No, yo no bailo. (**No**, I do **not** dance.)

¿Cantas tú bien?

No, _____

¿Nadan ellos?

No, _____

¿Estudia usted?

No, _____

¿Escucha ella?

No, _____

¿Trabajan ustedes?

No, _____

¿Salta él bien?

No, _____

¿Compra él un melón?

No, _____

Preguntas
Questions

Nombre_____

Answer the questions according to the information in each picture.

¿Escucha ella la radio?

_____

¿Lava ella los platos?

_____

¿Trabaja él?

_____

¿Baila él?

_____

¿Cantan ellos?

_____

¿Nadan ellos?

_____

¿Hablan ustedes español?

_____

¿Hablan ustedes italiano?

_____

¿Cocina él?

_____

¿Salta él?

_____

¿Compra ella la blusa?

_____

¿Compra ella un helado?

_____

¿Qué es?
What is it?

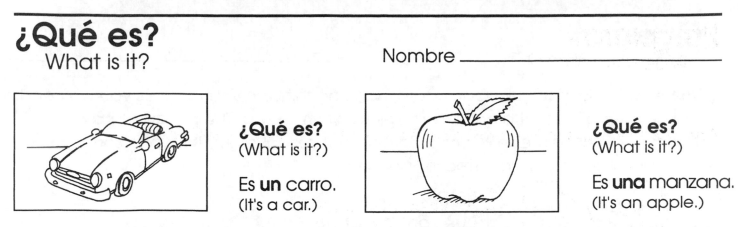

¿Qué es?
(What is it?)

Es **un** carro.
(It's a car.)

¿Qué es?
(What is it?)

Es **una** manzana.
(It's an apple.)

Un and **una** are **indefinite articles**. They are the equivalent of "a" or "an" in English. **Un** is used with **masculine** and **una** is used with **feminine** nouns.

Use **un** and **una** with nouns you have already learned in this book.

¿Qué es?

Es _____

¿Qué es?

_____

¿Qué es?

_____

¿Qué es?

_____

¿Qué es?

_____

¿Qué son?
What are they?

"**¿Que son?**" is used to ask about more than one thing. In your answer, you will need the plural of the indefinite articles. The plural of **un** is **unos**. The plural of **una** is **unas**. Both **unos** and **unas** mean "**some**." Sometimes we leave out the word "some" in English, but it cannot be omitted in Spanish.

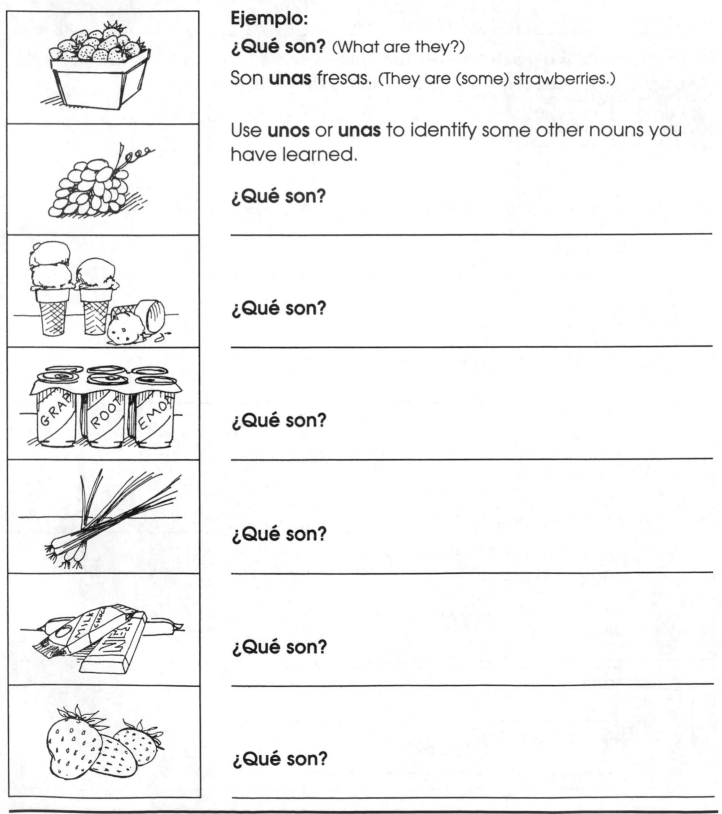

Ejemplo:

¿Qué son? (What are they?)

Son **unas** fresas. (They are (some) strawberries.)

Use **unos** or **unas** to identify some other nouns you have learned.

¿Qué son?

_____

¿Qué son?

_____

¿Qué son?

_____

¿Qué son?

_____

¿Qué son?

_____

¿Qué son?

_____

¿Qué?
What?

Qué is the question word meaning **what**. To form a question using **qué** follow this pattern: **¿Qué + verb + subject**? The answer to this type of question will always be an object or an activity, a noun.

ejemplo 1: **¿Qué** compras tú? (What are you buying?)

(object)   Yo compro **una camisa.** (I'm buying a shirt.)

ejemplo 2: **¿Qué** hace ella? (What is she doing?)

(activity)   Ella **nada.** (She's swimming.)

Use the pictures to answer the following questions in Spanish.

1. **¿Qué mira él?**

   _____

2. **¿Qué estudias tú?**

   _____

3. **¿Qué cantan ellos?**

   _____

4. **¿Qué lleva ella?**

   _____

5. **¿Qué toca usted?**

   _____

6. **¿Qué escuchan ustedes?**

   _____

7. **¿Qué compra Manuel?**

   _____

8. **¿Qué deseas tú?**

   _____

9. **¿Qué habla él?**

   _____

10. **¿Qué prepara Carlota?**

   _____

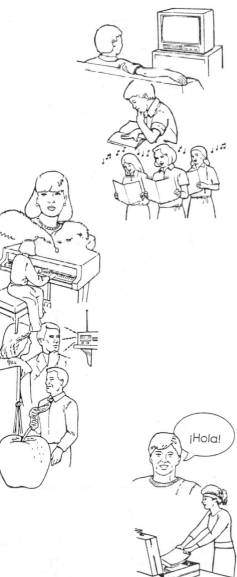

Las preguntas

Nombre_____

Escribe las preguntas a las siguientes respuestas.
(Write the questions using **qué**.)

1. ¿Qué te gusta?
   Me gusta el helado.

2. ¿_____?
   El habla inglés.

3. ¿_____?
   Yo llevo pantalones.

4. ¿_____?
   Nosotros tocamos el piano.

5. ¿_____?
   Yo estudio historia.

6. ¿_____?
   Nosotros visitamos México.

7. ¿_____?
   El escucha la radio.

8. ¿_____?
   Ellos cantan una canción.

9. ¿_____?
   Yo miro la televisión.

10. ¿_____?
    Ellas contestan una pregunta.

11. ¿_____?
    Me gusta el español.

12. ¿_____?
    Ella estudia matemáticas.

13. ¿_____?
    Nosotros compramos uvas.

ME GUSTA
EL ESPAÑOL.

Los adjetivos
Adjectives

Nombre_____

An **adjective** is a word that describes a noun. In Spanish **all nouns have gender**. They are either masculine or feminine. Each adjective **must agree** with the **gender** of the noun it describes. So adjectives in Spanish have both masculine and feminine forms. Use the form that agrees with the gender of the noun.

For adjectives ending in **-o** in the masculine form, change the **-o** to **-a** to get the feminine form.

ejemplos: (m) alt**o** > (f) alt**a** (tall)   baj**o** > baj**a** (short)

bonit**o** > bonit**a** (pretty)   aburrid**o** > aburrid**a** (boring)

Write the feminine forms of each adjective.

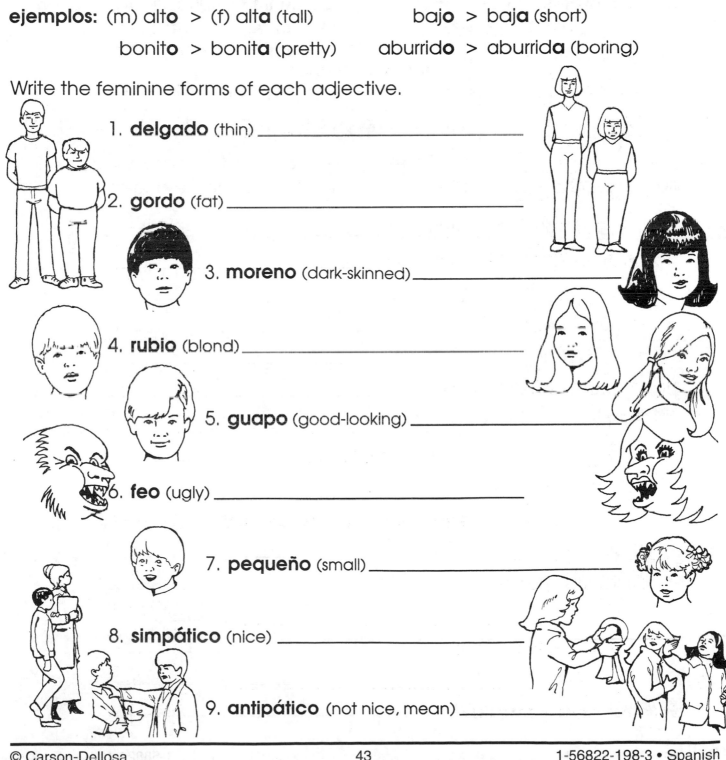

1. **delgado** (thin) _____

2. **gordo** (fat) _____

3. **moreno** (dark-skinned)_____

4. **rubio** (blond) _____

5. **guapo** (good-looking) _____

6. **feo** (ugly) _____

7. **pequeño** (small) _____

8. **simpático** (nice) _____

9. **antipático** (not nice, mean) _____

Los adjetivos

Most adjectives ending in **-e** or a **consonant** remain the same for both masculine and feminine forms.

ejemplos: fácil > fácil (easy)   inteligente > inteligente (smart)

Several adjectives of this type are . . .

excelente	= excellent	**paciente**	= patient
grande	= big	**impaciente**	= impatient
difícil	= difficult	**interesante**	= interesting
independiente	= independent	**inocente**	= innocent

Note: Adjectives generally come **after** the nouns they describe in Spanish.

ejemplos: an **easy** test = un examen **fácil**   a **tall** girl = una chica **alta**

Fill in the blanks with the correct form of the underlined adjective in each phrase. **Remember**–Some adjectives change form because of gender.

1. a <u>smart</u> man = **un hombre** _____

2. a <u>pretty</u> woman = **una mujer** _____

3. a <u>big</u> car = **un carro** _____

4. a <u>thin</u> book = **un libro** _____

5. a <u>dark-skinned</u> girl = **una chica** _____

6. an <u>innocent</u> boy   = **un niño** _____

7. a <u>patient</u> mother = **una madre** _____

8. an <u>independent</u> country = **un país** _____

9. a <u>short</u> boy = **un chico** _____

10. a <u>blond</u> teacher = **una maestra** _____

11. an <u>ugly</u> monster = **un monstruo** _____

12. an <u>interesting</u> class = **una clase** _____

13. an <u>excellent</u> movie = **un cine** _____

14. a <u>difficult</u> test = **un examen** _____

15. a <u>big</u> house = **una casa** _____

16. a <u>fat</u> frog = **una rana** _____

Los adjetivos

Nombre _____

Adjectives in Spanish must agree in **number** as well as **gender**. That is, if the noun is singular, then the adjective describing it must also be singular. If the noun is plural, then the adjective must also be plural.

To make an adjective plural . . .

1. add **-s** if it ends in a vowel.

   ejemplo: alto > altos

2. add **-es** if it ends in a consonant.

   ejemplo: fácil > fáciles

Most adjectives have four forms:

	singular	plural
masculine	alto	altos
feminine	alta	altas

If a group contains both masculine and feminine nouns, use the masculine plural form.

ejemplo: Los chicos y las chicas son alt**os**.
(The boys and the girls are tall.)

Fill in the blanks with the correct form of the underlined adjective in each phrase. **Remember**–Some adjectives change form because of gender.

1. small girls = **las chicas** _____

2. interesting books = **los libros** _____

3. thin men = **los hombres** _____

4. innocent people = **las personas** _____

5. difficult tests = **los exámenes** _____

6. boring classes = **las clases** _____

7. pretty women = **las mujeres** _____

8. excellent teachers = **los maestros** _____

9. ugly houses = **las casas** _____

10. big meals = **las comidas** _____

11. nice boys = **los chicos** _____

12. impatient fathers = **los padres** _____

Practica con los adjetivos

Nombre _____

Escribe la forma correcta de los adjetivos.

1. (big) **una casa** _____
2. (short) **un hombre** _____
3. (blond) **una chica** _____
4. (dark-skinned) **unos hombres** _____

5. (small) **una clase** _____
6. (excellent) **un libro** _____
7. (pretty) **unas chicas** _____
8. (boring) **un maestro** _____

9. (fat) **unos cerdos** _____
10. (mean) **unos monos** _____
11. (ugly) **un monstruo** _____
12. (tall) **un elefante** _____
13. (thin) **un chico** _____

14. (nice) **una chica** _____
15. (easy) **unos exámenes** _____
16. (difficult) **un problema** _____
17. (innocent) **unos estudiantes** _____
18. (good-looking) **unos chicos** _____

19. (patient) **una tortuga** _____
20. (smart) **un conejo** _____
21. (big) **unos árboles** _____

22. (nice) **un maestro** _____
23. (tall) **unas chicas** _____
24. (blond) **un hombre** _____

Ser
To be

Nombre _____

The verb **ser** (to be) is used with adjectives to describe people or things. **Ser** does not follow a regular pattern like the **-ar** verbs. It is an irregular verb.

Ser		
yo **soy** tú **eres**	nosotros/as	**somos**
usted él } **es** ella	ustedes ellos } **son** ellas	

Conjugate the verb **ser** with the adjective **alto** (tall).

1. Yo _____ _____
2. Tú (f) _____ _____
3. Usted (m) _____ _____
4. El _____ _____
5. Ella _____ _____

6. Nosotros _____ _____
7. Nosotras _____ _____
8. Ustedes (m) _____ _____
9. Ellos _____ _____
10. Ellas _____ _____

Conjugate the verb **ser** with the following adjectives.

bajo (short)

1. Yo _____ _____
2. Tú (m) _____ _____
3. Ella _____ _____

4. Nosotros _____ _____
5. Ellos _____ _____
6. Ustedes (f) _____ _____

inteligente (intelligent)

1. Tú _____ _____
2. Ellas _____ _____
3. Nosotros _____ _____
4. Yo _____ _____

5. Ustedes _____ _____
6. El _____ _____
7. Ellos _____ _____
8. Usted _____ _____

Ser

Nombre_____

Use the adjectives to describe the people and things listed. All adjectives are given in the masculine singular form. Be sure to make them agree!

1. **Mónica – rico, simpático**

   _____

2. **Roberto – inocente, alto**

   _____

3. **Ana y María – paciente, rubio**

   _____

4. **Marcos y Pablo – feo, impaciente**

   _____

5. **Pedro y Rosita – bajo, moreno**

   _____

6. **Los libros – fácil, interesante**

   _____

7. **Nosotros – delgado, guapo**

   _____

8. **Yo – alto, simpático**

   _____

9. **La comida – excelente, abundante**

   _____

10. **Las casas – bonito, pequeño**

   _____

Las preguntas con ser

Nombre _____

Contesta las preguntas.
(Answer the questions. Don't forget the agreement of the adjectives.)
Use the pictures as clues for your answers.

ejemplo: **¿Es Mario rico?**

Sí, él es rico.

¿Es Eduardo estúpido?
No, él no es estúpido.
(inteligente) El es inteligente.

1. **¿Es la maestra estricta?**

_____

2. **¿Eres tú bajo?**

_____

(alto) _____

3. **¿Son los monos cómicos?**

_____

4. **¿Son ustedes pacientes?**

_____

5. **¿Es Pepita morena?**

_____

(rubio) _____

6. **¿Es el maestro interesante?**

_____

(aburrido) _____

7. **Es Alberto muy gordo?**

_____

8. **¿Es Juana simpática?**

_____

(antipática) _____

49

Las Profesiones
Professions

Nombre_____

The names of some professions have different masculine and feminine forms.

Those that end in -**o** usually change the -**o** to -**a** to form the feminine.

> **ejemplo:**   un maestr**o** (m) → una maestr**a** (f) (teacher)

Those that end in -**e** or -**a** remain the same in both forms.

> **ejemplos:**   un cantant**e** (m) → una cantant**e** (f) (a singer)
> un artist**a** (m) → una artist**a** (f) (an artist)

Some do not follow a special pattern, but have a different form for masculine and feminine.

> **ejemplos:**   un actor (m) → una actriz (f) (an actor and an actress)
> un profesor (m) → una profesora (f) (teacher)
> un doctor (m) → una doctora (f) (a doctor)

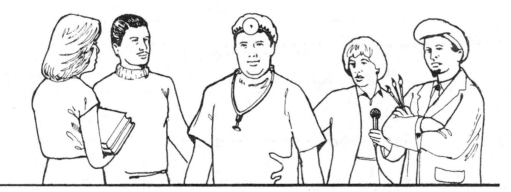

Common professions are . . .

un enfermero	= a nurse	**un músico**	= a musician
una secretaria	= a secretary	**un dentista**	= a dentist
un ingeniero	= an engineer	**un periodista**	= a journalist
un abogado	= a lawyer	**un gerente**	= a manager
un mecánico	= a mechanic	**un agricultor**	= a farmer
un técnico	= a technician	**un obrero**	= a factory worker
un piloto	= a pilot	**un escritor**	= a writer
un cocinero	= a cook	**un poeta**	= a poet
un fotógrafo	= a photographer	**un bailarín**	= a dancer (m)
		una bailarina	= a dancer (f)

Ser con las profesiones

Nombre _____

Indefinite articles (un, una) are not used with the professions after the verb **ser** unless they are modified by an adjective.

ejemplos: Gloria es cantante. (Gloria is a singer.)

Gloria es **una** buena cantante. (Gloria is a good singer.)

Fill in the blanks with the correct form of **ser** and the indicated professions.

1. Yo _____ .
   (artist)

2. Manuel _____ .
   (mechanic)

3. Nosotros _____ .
   (journalist)

4. Anita _____ .
   (nurse)

5. El Señor Gonzáles _____ .
   (musician)

6. Whitney Houston _____ .
   (singer)

7. Mark Twain _____ .
   (writer)

8. Mi mamá _____ .
   (secretary)

9. Mi papá _____ .
   (pilot)

10. Usted _____ .
    (cook)

11. Patricia _____ .
    (dentist)

12. Tú _____ .
    (photographer)

13. Ellos _____ .
    (lawyer)

14. José _____ .
    (dancer)

15. Ella _____ .
    (teacher)

La hora
The Time

To answer **¿Qué hora es?** (What is the time?) follow the patterns below. Write the times as indicated.

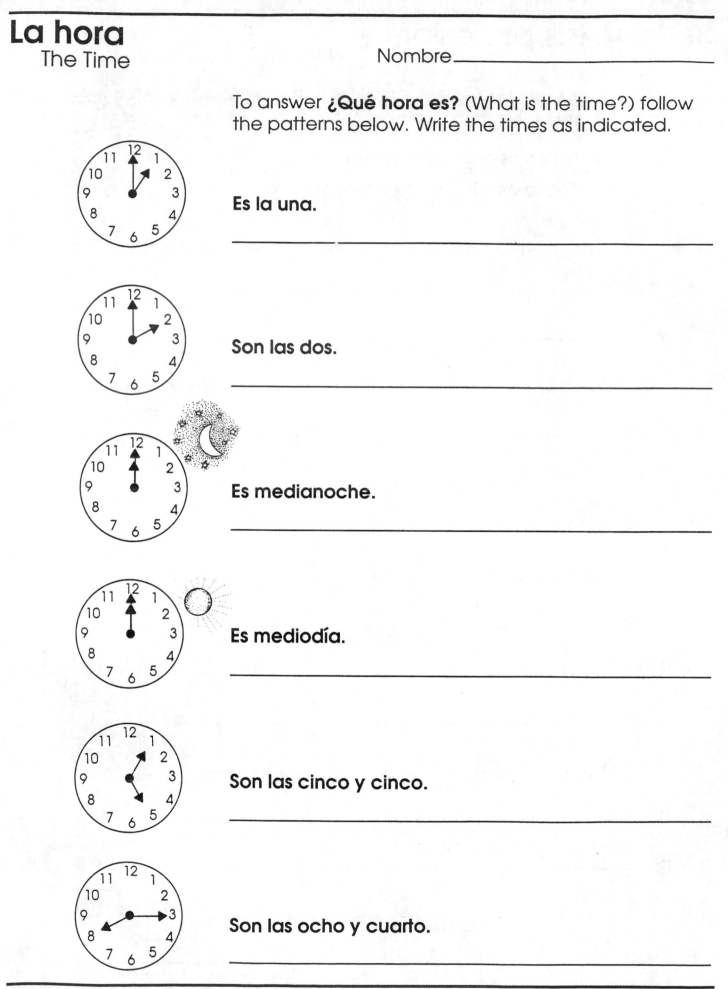

Es la una.

_____

Son las dos.

_____

Es medianoche.

_____

Es mediodía.

_____

Son las cinco y cinco.

_____

Son las ocho y cuarto.

_____

La hora

Escribe las horas de los relojes. (Write the times shown on the clocks.)

Son las once y veinticinco.

_____

Son las nueve y media.

_____

Son las diez menos veinte.

_____

Son las diez menos cuarto.

_____

Son las diez menos diez.

_____

Son las diez menos cinco.

_____

La hora

Escribe las horas de los relojes.

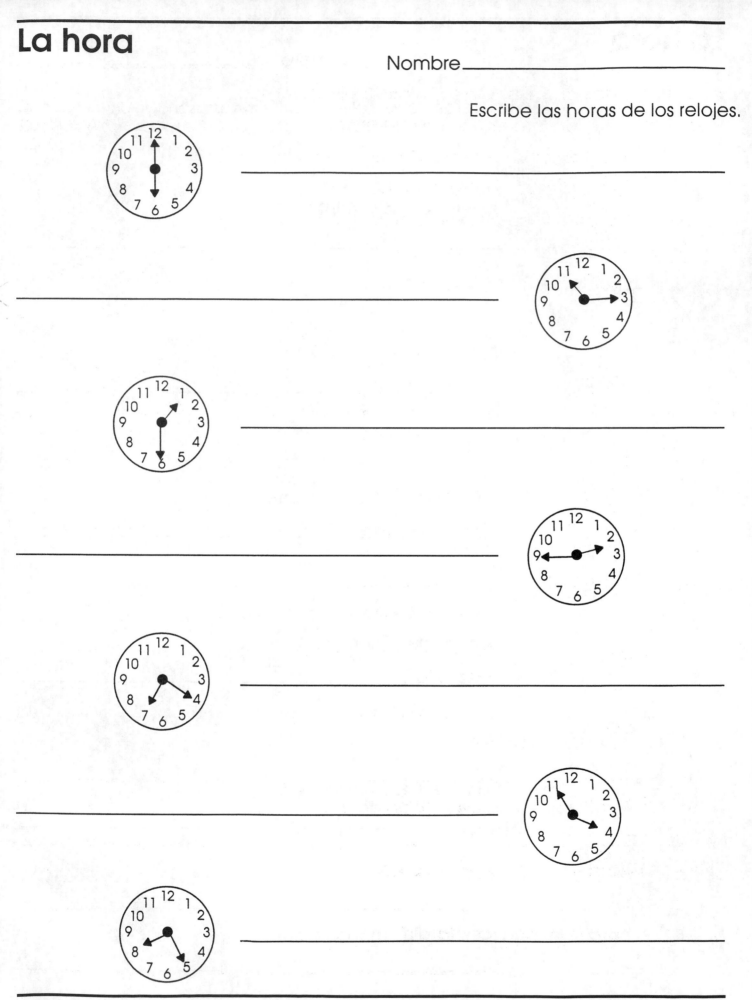

_____

_____

_____

_____

_____

_____

_____

1-56822-198-3 • Spanish

La hora

A is used to tell **at** what time something will take place.

ejemplos: ¿**A** qué hora es la clase de español? (**At** what time is the Spanish class?)

La class es **a** las ocho. (The class is **at** eight o'clock.)

To be more specific about the time use . . .

de la mañana = in the morning/a.m.

de la tarde = in the afternoon/p.m.

de la noche = in the evening/p.m.

Mira el horario y
contesta las preguntas.
(Look at the schedule
and answer the questions.)
Be sure to include a.m. or p.m.

Nombre *María Molina*
8:00-8:55 historia
9:00-9:55 inglés
10:00-10:15 recreo
11:20-11:15 geografía
12:30-12:20 almuerzo
1:30- 2:25 arte
matemáticas

1. ¿**A** qué hora es la clase de inglés?

_____

2. ¿**A** qué hora es el almuerzo?

_____

3. ¿**A** qué hora es la clase de geografía?

_____

4. ¿**A** qué hora es la clase de arte?

_____

5. ¿**A** qué hora es el recreo?

_____

6. ¿**A** qué hora es la clase de matemáticas?

_____

7. ¿**A** qué hora es la clase de historia?

_____

8. ¿**A** qué hora terminan las clases?

Tener
To have

Tener (to have) is an important irregular verb.

Tener is usually followed by a noun.

    ejemplo: Yo **tengo** una radio.

Tener		
yo **tengo** tú **tienes**	nosotros/as	**tenemos**
usted él } **tiene** ella	ustedes ellos } **tienen** ellas	

Using the pictures, tell what the following people have.

una guitarra

1. **Marcos** _____

2. **Yo** _____

unos discos

una casa

3. **Ana** _____

4. **Nosotros** _____

unos libros

un lápiz

5. **Ella** _____

6. ¿ _____ **usted?**

palomitas

7. **Ellos** _____

unos perros

papel

8. ¿ _____ **ustedes?**

9. **Tú** _____

una bicicleta

10. **Nosotras** _____

unas manzanas

11. **Ellas** _____

unos zapatos

12. **El señor** _____

un carro

En casa
At home

Escribe las palabras en español.

el suelo	el techo	la pared
el techo	la puerta	la ventana
la escalera	la chimenea	la alfombra
las cortinas	el ropero	la terraza

En casa

Escribe las palabras en español.

la cocina

el cuarto

el comedor

la sala

el baño

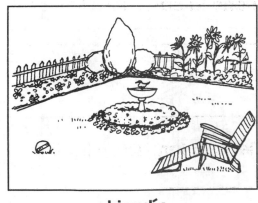

el jardín

La familia López

Nombre _____

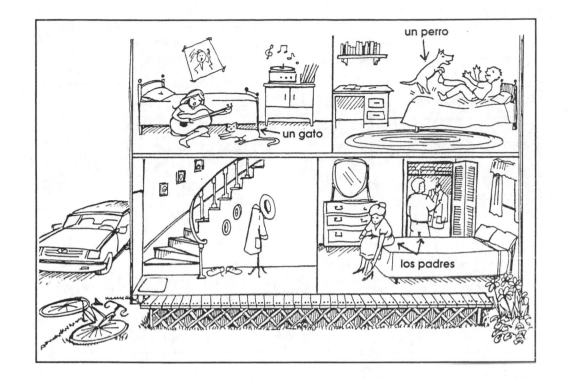

Contesta las preguntas.

1. ¿Tiene la familia una casa grande?

_____

2. ¿Qué animales tiene la familia?

_____

3. ¿Tiene la casa unos libros?

_____

4. ¿Cuántos dormitorios tiene la casa?

_____

5. ¿Tiene la familia un jardín?

_____

6. ¿Tiene la casa una terraza?

_____

7. ¿Qué tiene el dormitorio de los padres?

_____

8. ¿Tiene la casa una chimenea?

_____

9. ¿Tiene la sala una alfombra?

_____

10. ¿Tiene la casa una escalera?

_____

11. ¿Tiene cortinas las ventanas?

_____

12. ¿Dónde está el gato?

_____

La cocina

Nombre_____

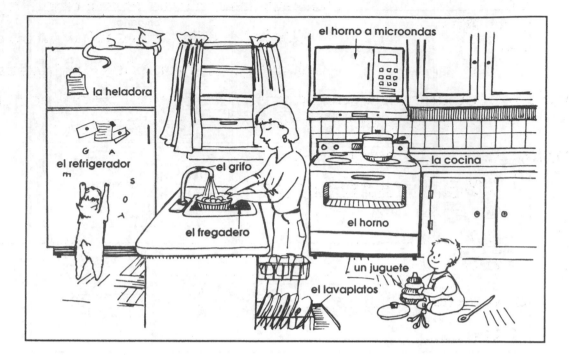

Contesta las preguntas.

1. ¿Tiene la cocina un lavaplatos?

_____

2. ¿Tienes tú un lavaplatos en la casa?

_____

3. ¿Tiene la cocina un refrigerador?

_____

4. ¿Tiene el refrigerador una heladora?

_____

5. ¿Qué tiene el niño?

_____

6. ¿Tiene la familia un horno a microondas?

_____

7. ¿Tiene la cocina una alfombra?

_____

8. ¿Tienes tú un horno a microondas?

_____

9. ¿Tienes tú un horno en la cocina?

_____

10. ¿Tienes tú un fregadero en la cocina?

La edad
Age

The verb **tener** is used to talk about age.

¿Cuántos años tienes tú? (How old are you?)

Yo tengo catorce años. (I'm 14 years old.)

Ask how old the subjects are in parentheses and respond using the numbers indicated. Use the pattern: **subject + tener + number + años**

ejemplos: **(ella)** <u>¿Cuántos años tiene ella?</u>

(30) <u>Ella tiene treinta años.</u>

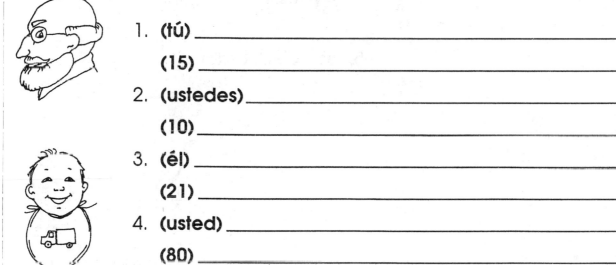

1. **(tú)** _____

   (15) _____

2. **(ustedes)** _____

   (10) _____

3. **(él)** _____

   (21) _____

4. **(usted)** _____

   (80) _____

5. **(Mónica)** _____

   (13) _____

6. **(el niño)** _____

   (1) _____

7. **(tú)** _____

   (4) _____

8. **(ellas)** _____

   (18) _____

9. **(la Señora Arias)** _____

   (95) _____

10. **(Angela y David)** _____

    (40) _____

Hambre y sed
Hunger and Thirst

Nombre_____

The verb **tener** is also used when you are talking about **hunger** and **thirst**.

tener hambre = to be hungry
Yo tengo hambre. = I am hungry.

tener sed = to be thirsty
El tiene sed. = He is thirsty.

State that the following people are hungry or thirsty as indicated.

1. **Nosotros/hambre**

_____

2. **Ellos/sed**

_____

3. **Tú/hambre**

_____

4. **Ella/sed**

_____

5. **Ustedes/hambre**

_____

Contesta las preguntas.

1. **¿Tiene Jaime sed?**

Sí,_____

2. **¿Tienes tú hambre?**

Sí,_____

3. **¿Tiene el señor mucha hambre?**

Sí,_____

4. **¿Tienen ustedes mucha sed?**

No,_____

5. **¿Tiene Gloria sed?**

No,_____

6. **¿Tiene usted mucha sed?**

Sí,_____

7. **Tienen los chicos hambre?**

No,_____

Calor y frío
Hot and Cold

Nombre_____

Another set of expressions using **tener** are:

tener calor = to be hot/to feel hot   **tener frío** = to be cold/to feel cold

Tell how the following people would feel according to the temperature.

1. **yo/90°F**

   _____

2. **ella/10°F**

   _____

3. **nosotros/40°F**

   _____

4. **tú/86°F**

   _____

5. **ustedes/0°F**

   _____

Tell how the following people feel based on how they are dressed.

1. **Manuel lleva un abrigo.**

   _____

2. **La Señora Reyes lleva un traje de baño.**

   _____

3. **Yo llevo un suéter y pantalones.**

   _____

4. **Usted lleva pantalones cortos y una camiseta.**

   _____

Note: In Spanish-speaking countries the Celsius temperature is used.

Can you tell how these people feel using the centigrade thermometer?

1. **Ellas/5°C**   2. **El/30°C**

   _____   _____

Los adjetivos posesivos
Possessive Adjectives

Nombre_____

One way to indicate possession is to use a noun followed by **de** and the owner's name. (There are **no** apostrophes in Spanish.)

    la casa **de** José = José's house
    el libro **de** Ana = Ana's book

Nota: de + el = del

    la silla **del** maestro = the teacher's chair

Tell to whom the following items belong.

1. bedroom/Julia _____

2. books/Javier_____

3. bicycle/the boy_____

4. apartment/Mr. Ríos _____

5. pencil/the girl _____

6. dog/the Sánchez family_____

Another way to indicate possession is to use possessive adjectives: my, your, his, her, etc.

	Singular	Plural
my	**mi**	**mis**
your (familiar)	**tu**	**tus**
your (formal and plural)	**su**	**sus**
his, her	**su**	**sus**
their	**su**	**sus**
our (masculine)	**nuestro**	**nuestros**
our (feminine)	**nuestra**	**nuestras**

Like other adjectives, a possessive adjective must agree in gender and number with the noun it modifies. (Note that **nuestro** agrees with the **noun** it modifies not with the **owner**.)

ejemplos:

    mi libro = my book
    mi**s** libro**s** = my books

    nuestr**o** perr**o** = our dog
    nuestr**a** cas**a** = our house

    nuestr**os** herman**os** = our brothers
    nuestr**as** herman**as** = our sisters

Práctica

Tell that the following items belong to you.

  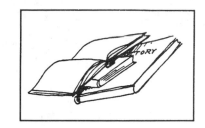

_____   _____   _____

_____   _____   _____

Tell that the following items belong to your brother.

  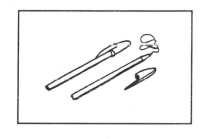

_____   _____   _____

_____   _____   _____

Tell that the following items belong to both of you.

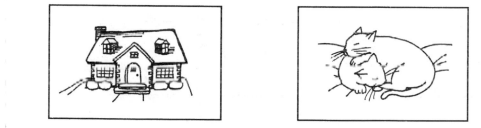 

_____   _____   _____

_____   _____   _____

Tell that the following items belong to your friends.

_____   _____   _____

_____   _____   _____

La curiosidad
Curiosity

Nombre _____

You and a new friend are walking to school. Your friend asks you questions about everything he sees. Answer his questions as indicated.

ejemplos: ¿Es la casa de Manolo?
Sí, es su casa.

¿Es la casa de Susana?
No, no es su casa.

1. **¿Es la hermana de Jorge?**
Sí,_____

2. **¿Es el gato del Señor Iglesias?**
No,_____

3. **¿Son los hermanos de Anita?**
Sí,_____

4. **¿Son los padres de Felipe?**
No,_____

5. **¿Es el carro de ustedes?**
Sí,_____

6. **¿Es el autobús de nosotros?**
No,_____

7. **¿Son los libros de Juan y Paco?**
Sí,_____

8. **¿Es la clase de la Señora Arrisueño?**
No,_____

9. **¿Son las sillas de las chicas?**
Sí,_____

10. **¿Es mi escuela?**
Sí,_____

11. **¿Son los maestros de nuestra escuela?**
Sí,_____

12. **¿Es la escuela de tu hermano?**
No,_____

Estar
To be

	Estar		
yo **estoy** tú **estás**		nosotros/as	**estamos**
usted él ella } **está**		ustedes ellos ellas } **están**	

You have already learned the verb **ser** (to be). In Spanish there is another verb (**estar**) which also means "to be."

Ser and **estar** are not interchangeable. **Ser** is used to **identify** or **describe**. It tells **what** something is, its **basic characteristics**, or its **origin**.

ejemplos: Manuel **es** maestro. (identifies Manuel as a teacher)
Manuel **es** alto. (describes Manuel)
Manuel **es** de California. (tells where Manuel is from)

Estar is used to tell the **location** of something or how someone **feels**.

ejemplos: Manuel **está** en la casa. (tells where Manuel is)
Manuel **está** triste. (tells how Manuel feels)

Fill in the blanks with the correct forms of **estar**.

1. **Nosotros** _____ **en Nueva York.**

2. **Ellos** _____ **tristes.**

3. **Yo no** _____ **listo.** (ready)

4. **¿** _____ **tú contento?** (happy)

5. **Susana** _____ **en la escuela hoy.**

Decide whether to use **ser** or **estar** and fill in the blanks with the correct forms.

1. **Ella** _____ **de Florida.**

2. **Nosotros** _____ **inteligentes.**

3. **Miguel y Ana** _____ **en la playa.**

4. **Yo** _____ **en España.**

5. **Tú no** _____ **contenta.**

¿Dónde estás?
Where are you ?

Nombre_____

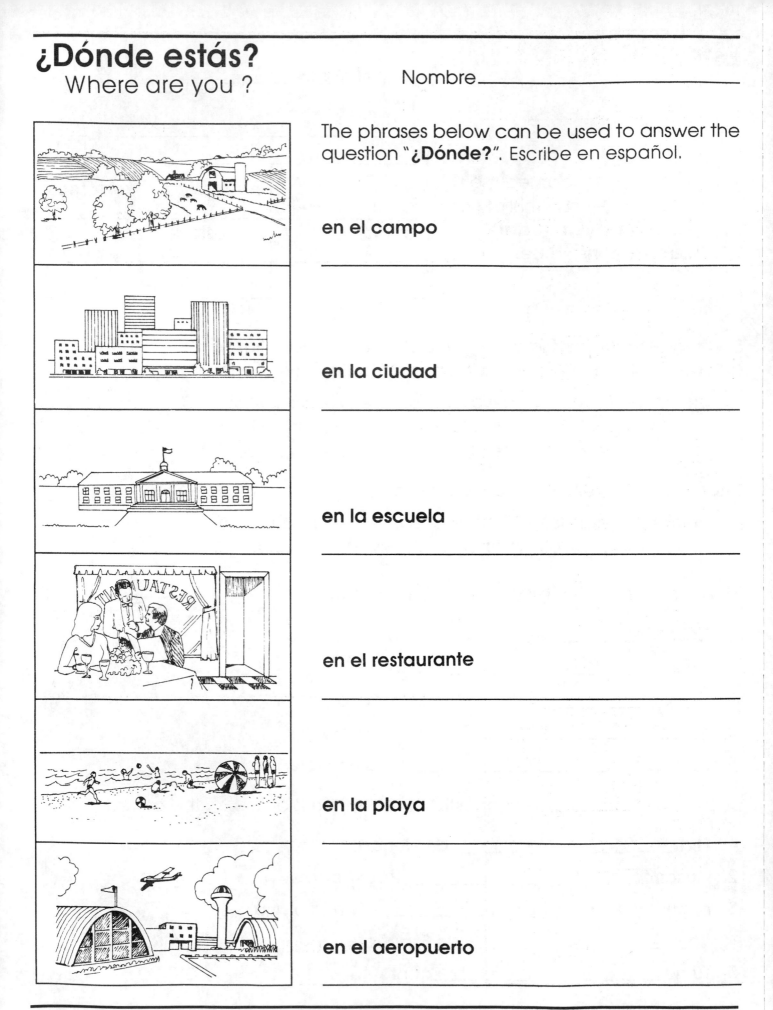

The phrases below can be used to answer the question "**¿Dónde?**". Escribe en español.

en el campo

_____

en la ciudad

_____

en la escuela

_____

en el restaurante

_____

en la playa

_____

en el aeropuerto

_____

¿Dónde estás?

Escribe los frases en español.

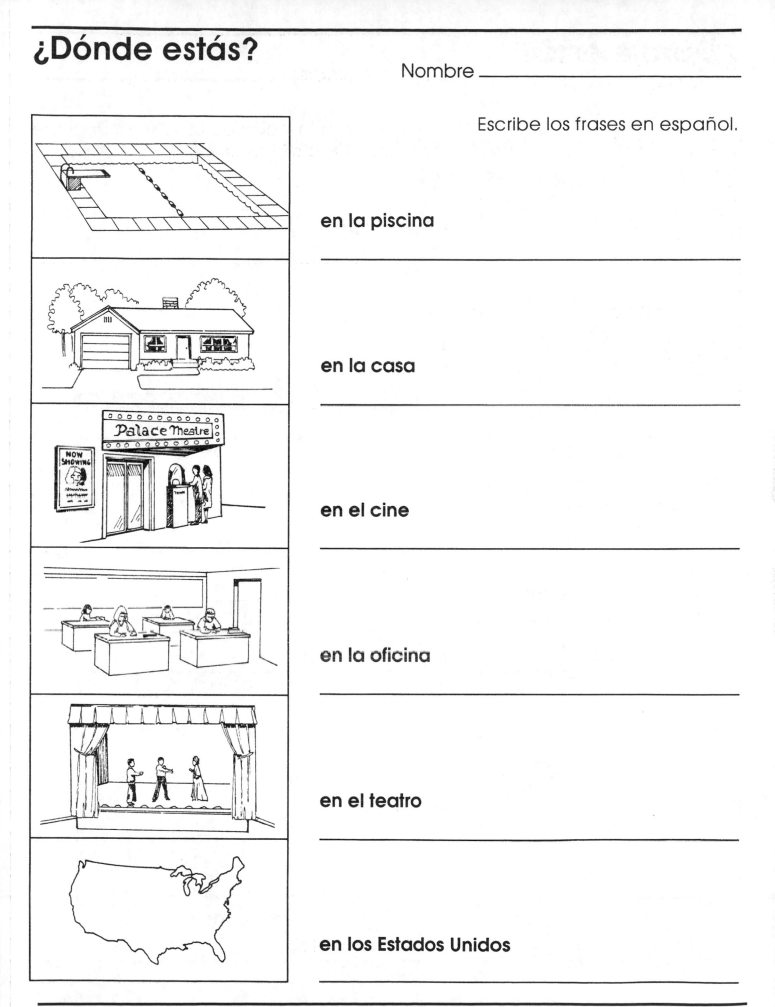

en la piscina

en la casa

en el cine

en la oficina

en el teatro

en los Estados Unidos

¿Dónde está?
Where is it?

Nombre _____

Expressions of location are used with the verb **estar**.

ejemplo: Está cerca de Mariá.

Escribe en español.

cerca de (near)

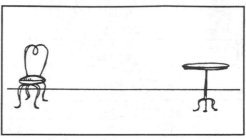

lejos de (far from)

encima de (on top of)

debajo de (under)

adentro de (inside of)

afuera de (outside of)

¿Dónde está?

a la derecha de (to the right of)

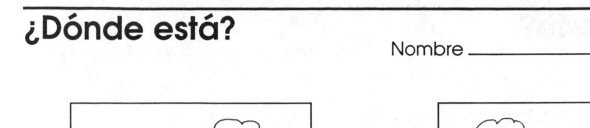

a la izquierda de (to the left of)

delante de (in front of)

detrás de (behind/in back of)

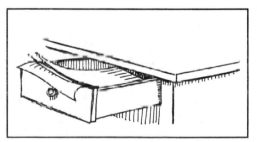

en (in)

sobre (above)

al lado de (beside/next to)

entre (between)

¿Dónde está?

Nombre_____

Contesta en español. (Give one answer for each line.)

1. **¿Dónde están los libros?**

   _____

2. **¿Dónde está la maestra?**

   _____

   _____

3. **¿Dónde está Ana?**

   _____

   _____

   _____

4. **¿Dónde está Pedro?**

   _____

   _____

5. **¿Dónde está la bandera** (flag)**?**

   _____

6. **¿Dónde está la pizarra?**

   _____

   _____

7. **¿Dónde está Andrés?**

   _____

   _____

8. **¿Dónde está el bolígrafo?**

   _____

¿Dónde?

Answer the questions according to the pictures.

¿Dónde está Cecilia?

_____

¿Dónde está Juan?

_____

¿Dónde estás tú?

_____

¿Dónde están ellos?

_____

¿Dónde está usted?

_____

¿Dónde están ustedes?

¿Dónde?

Nombre_____

Answer the questions according to the pictures.

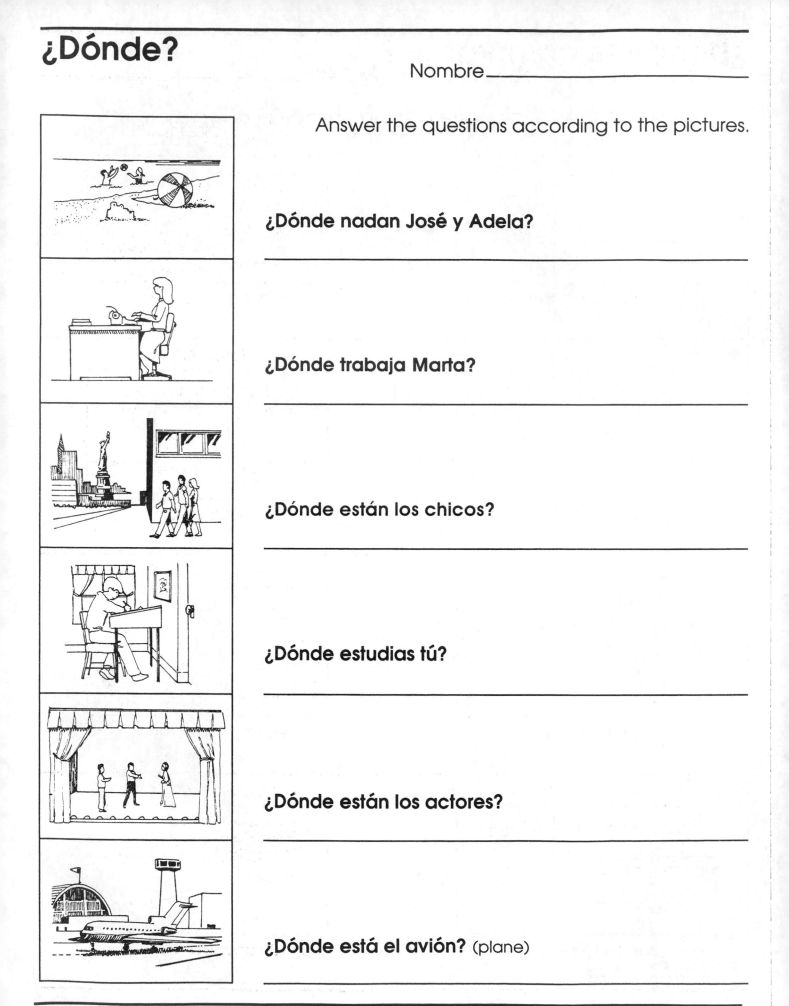

¿Dónde nadan José y Adela?

_____

¿Dónde trabaja Marta?

_____

¿Dónde están los chicos?

_____

¿Dónde estudias tú?

_____

¿Dónde están los actores?

_____

¿Dónde está el avión? (plane)

_____

¿Dónde se compra . . . ?
Where does one buy . . . ?

Nombre_____

Escribe en español. **¿Dónde se compra . . ./ ¿Dónde se compran. . .**

el pan?

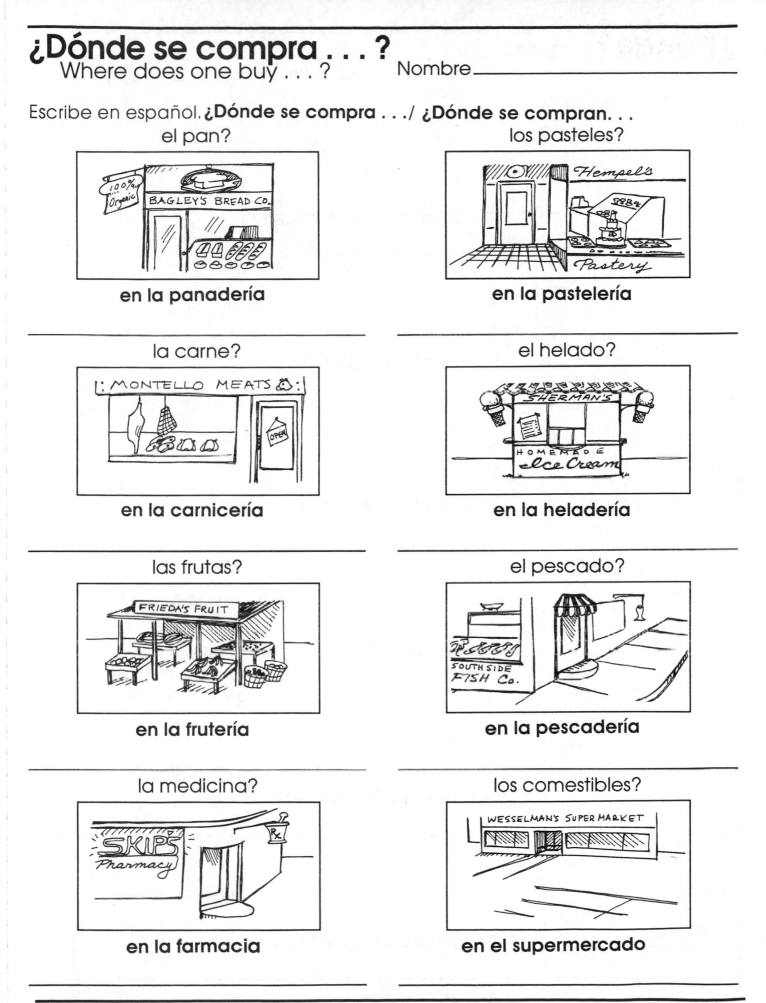

en la panadería

los pasteles?

en la pastelería

la carne?

en la carnicería

el helado?

en la heladería

las frutas?

en la frutería

el pescado?

en la pescadería

la medicina?

en la farmacia

los comestibles?

en el supermercado

¿Dónde se compra . . . ?

Nombre_____

Contesta en español.

1. **¿Qué compras en la heladería?**
   Compro el helado.

2. **¿Qué compras en la carnicería?**
   _____

3. **¿Qué compras en la panadería?**
   _____

4. **¿Qué compras en la pastelería?**
   _____

5. **¿Qué compras en la pescadería?**
   _____

6. **¿Qué compras en el supermercado?**
   _____

7. **¿Qué compras en la frutería?**
   _____

Ir

To go

Ir (to go) is an irregular verb.

Ir is usually followed by **a** (to). Note that when **a** is followed by **el** (the), the two combine to form **al**. **A** combines with **¿dónde?** (**adónde?**) to ask where someone is going.

Ir			
yo **voy** tú **vas**		nosotros/as **vamos**	
usted él } **va** ella		ustedes ellos } **van** ellas	

Some places you might go are . . .

la biblioteca	= the library	**la escuela**	= the school
el café	= the café	**el parque**	= the park
el museo	= the museum	**el hotel**	= the hotel
		la estación	= the train station

Answer the following questions using **ir a** and the place in the picture.

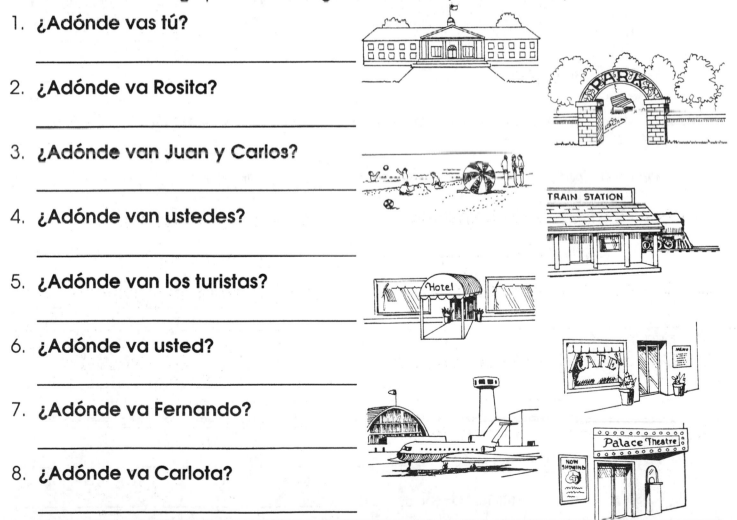

1. **¿Adónde vas tú?**

   _____

2. **¿Adónde va Rosita?**

   _____

3. **¿Adónde van Juan y Carlos?**

   _____

4. **¿Adónde van ustedes?**

   _____

5. **¿Adónde van los turistas?**

   _____

6. **¿Adónde va usted?**

   _____

7. **¿Adónde va Fernando?**

   _____

8. **¿Adónde va Carlota?**

   _____

Ir

Ir is followed by **a + an infinitive** to tell what is going to happen in the future.

    ejemplo: Yo **voy a viajar** a mañana. (I'm going to travel tomorrow.)

Tell what the following people are going to do tomorrow by combining the given elements.

    ejemplo: **Adán/trabajar**
             Adán va a trabajar mañana.

1. **Lola/cantar** _____
2. **Christina y Ana/bailar** _____
3. **Los chicos/estudiar** _____
4. **Yo/caminar** _____
5. **Nosotros/contestar** _____
6. **Las hermanas/visitar** _____
7. **Manuel/trabajar** _____

If you make a sentence with two verbs negative, be sure to put **no** before the first verb.

    ejemplo: No, yo **no** voy a cantar. (No, I'm not going to sing.)

Contesta las preguntas en español.

1. **¿Vas a estudiar tú mañana?** Sí, _____
2. **¿Van a llorar las chicas?** Sí, _____
3. **¿Van a hablar ustedes en clase?** No, _____
4. **¿Va a escuchar ella?** Sí, _____
5. **¿Va a mirar la televisión él?** No, _____
6. **¿Va a comprar ropa usted?** No, _____
7. **¿Vas a nadar tú mañana?** Sí, _____

Vamos a . . .
Let's go to . . .

Nombre_____

To indicate location use the preposition **a** meaning "at" or "to".

    Ella va **a** California.
    (She's going to California.)

    Voy **a** las montañas.
    (I'm going to the mountains.)

Note: When **a** is followed by the definite article **el**, they combine to form the contraction **al**.

ejemplos: **al cine** = at/to the movies
            a la oficina = at/to the office
    a los restaurantes = at/to the restaurants

a + el = al	a + los = a los
a + la = a la	a + las = a las

Escribe adónde van las personas.

1. **Anita va** _____
                                  (swimming pool)

2. **Marcos va** _____
                                (café)

3. **Nosotros vamos** _____
                                (house)

4. **Los chicos van** _____
                                (concert)

5. **Yo voy**_____
                                (library)

6. **Ellas van** _____
                                (theater)

7. **Tú vas** _____
                                (country)

8. **Ustedes van** _____
                                (bank)

Verbos que terminan en –ir
Verbs that end in -ir

Nombre_____

Verbs that end in **-ir** follow a regular pattern. It is the same as the pattern for -**er** verbs except for the **nosotros** form.

yo **-o** tú **-es**	nosotros/as **-imos**
usted él **}** **-e** ella	ustedes ellos **}** **-en** ellas

Verbs that follow this pattern are . . .

escribir = to write
asistir (a) = to attend
decidir = to decide
subir = to go up
abrir = to open
recibir = to receive
vivir = to live
cumplir años = to have a birthday

Escribe las formas correctas de los verbos entre paréntesis.

1. (**decidir**) Ella no_____ rapidamente.

2. (**vivir**) ¿_____ ustedes en México?

3. (**abrir**) El cine_____ a las diez.

4. (**recibir**) Yo_____ buenas notas.

5. (**asistir**) Nosotros_____ a la escuela.

6. (**cumplir**) Eduardo_____ años hoy.

7. (**subir**) ¿_____ tú las escaleras (steps)?

8. (**escribir**) Stephen King _____ novelas.

9. (**abrir**) ¿_____ usted la puerta (door)?

10. (**cumplir**) Ellos_____ siete años.

HAPPY 16th BIRT...

El imperativo
The Imperative

When you tell someone to do something you use the command form of a verb, the **imperative** (el imperativo).

To give a command to someone you know well using a regular verb, use the **tú** form of the verb minus the **-s**. As in English, the "you" (tú) is understood.

ejemplos: Tú bailas. (You dance/are dancing.)

¡**Baila!** (Dance!)

Tell your friend to do the following things:

Sing! _____

Speak Spanish! _____

Watch TV! _____

Swim! _____

Eat! _____

Listen! _____

Run! _____

Answer! _____

To give a command to someone you address as **usted**, use the **yo** form of the verb. Drop the final **o** and add the opposite vowel ending. (**-ar** commands end in -**er**, -**er** commands end in -**a**).

ejemplos: Usted baila. (You dance/are dancing.)

¡**Baile!** (Dance!)

To practice, tell your older neighbor to do the following things:

Sing! _____   Eat! _____

Speak Spanish! _____   Listen! _____

Watch TV! _____   Run! _____

Swim! _____   Answer! _____

Verbos que terminan en –er
Verbs that end in -er

Nombre _____

Verbs that end in -**er** follow a regular pattern like the verbs that end in -**ar**. Take off the -**er** and add the following endings:

yo	-**o**	nosotros/as	-**emos**
tú	-**es**		
usted él } -**e** ella		ustedes ellos } -**en** ellas	

Verbs that follow this pattern are . . .

comer = to eat
beber = to drink
deber = to owe
vender = to sell
creer = to believe
correr = to run
comprender = to understand
aprender = to learn
leer = to read

Escribe las formas correctas de los verbos entre paréntesis.

1. (**beber**) Nosotros _____ Coca Cola.

2. (**vender**) La chica _____ ropa.

3. (**aprender**) Los estudiantes _____ .

4. (**correr**) David _____ muy rápido.

5. (**comprender**) ¿ _____ ustedes?

6. (**deber**) Yo _____ cincuenta pesos.

7. (**comer**) ¿ _____ tú mucho?

8. (**creer**) Ella no _____ la repuesta.

9. (**leer**) Usted _____ un libro

10. (**beber**) Yo _____ café.

¿Cuándo?
When?

Escribe las expresiones.

Nombre_____

hoy
(today)

esta tarde
(this afternoon)

_____

mañana
(tomorrow)

esta noche
(tonight)

_____

depués de las clases
(after school)

este fin de semana
(this weekend)

_____

durante las vacaciones
(during vacation)

el próximo fin de semana
(next weekend)

_____

esta manaña
(this morning)

la próxima semana
(next week)

_____

Write in Spanish when you will do the following activities as indicated.

1. **your homework**

_____
(this afternoon)

2. **go to bed**

_____
(tonight)

3. **relax**

_____
(during vacation)

4. **go swimming**

_____
(next week)

5. **ride your bike**

_____
(after school)

6. **play ball**

_____
(tomorrow)

7. **visit your grandma**

_____
(this weekend)

8. **eat breakfast**

_____
(this morning)

9. **go to a movie**

_____
(today)

10. **take a trip**

_____
(next weekend)

Hacer
To do

Nombre_____

Hacer is an important irregular verb. It is used in many expressions.

It means **to do** or **to make**.

Hacer			
yo	**hago**	nosotros/as	**hacemos**
tú	**haces**		
usted él ella }	**hace**	ustedes ellos ellas }	**hacen**

ejemplos:

¿Qúe **haces** tú? (What are you doing./What do you do?)
Hago la tarea. (I'm doing homework./I do homework.)

Expressions using **hacer**:

hacer la tarea = to do homework   **hacer una fiesta** = to have a party
hacer planes = to make plans   **hacer una barbacoa** = to have a barbeque
hacer un picnic = to have a picnic   **hacer la maleta** = to pack your suitcase

¿Qué hacen ellos?

Ellos_____   Ella_____   Manuel_____

_____   _____   _____

Ustedes_____   Yo_____   Tú_____

_____   _____   _____

84

El tiempo
The Weather

Nombre _____

Hacer is also used in some expressions to talk about the weather.

¿Qué tiempo hace? (What's the weather like?)

Escribe en español.

Hace buen tiempo.
(The weather's nice.)

Hace mal tiempo.
(The weather's bad.)

Hace frío.
(It's cold out.)

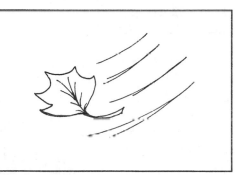

Hace calor.
(It's hot out.)

Hace viento.
(It's windy.)

These expressions do **not** use hacer.

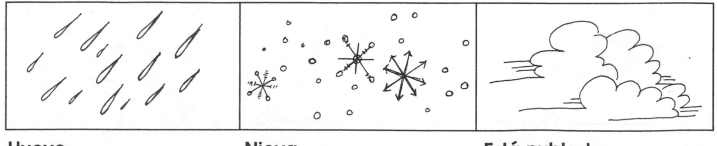

Llueve.
(It's raining.)

Nieva.
(It's snowing.)

Está nublado.
(It's cloudy.)

¿Qué tiempo hace en las fotos?

Nombre_____

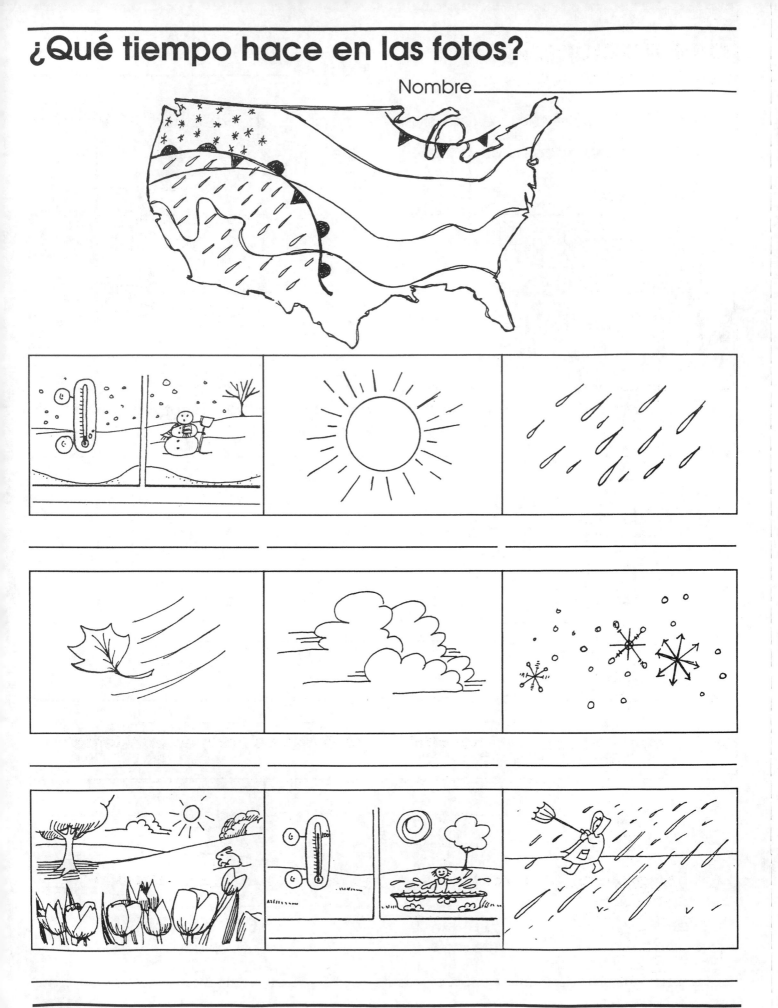

Las estaciones
The Seasons

Nombre _____

Escribe en español.

la primavera

el verano

el otoño

el invierno

¿Qué tiempo hace en la primavera?

1. _____
2. _____
3. _____

¿Qué tiempo hace en el verano?

1. _____
2. _____
3. _____

¿Qué tiempo hace en el invierno?

1. _____
2. _____
3. _____

¿Qué tiempo hace en el otoño?

1. _____
2. _____
3. _____

Los deportes
Sports

Nombre_____

Jugar			
yo **juego** tú **juegas**		nosotros/as	**jugamos**
usted él } **juega** ella		ustedes ellos } **juegan** ellas	

Jugar is an irregular verb used to talk about sports. It means to play.

ejemplo: Ella **juega** volibol.

el fútbol

el volibol

el béisbol

el tenis

el baloncesto

el fútbol americano

Tell which sport the following people are playing.

El _____ **Ellas** _____ **Nosotros** _____ **Yo** _____

_____   _____   _____   _____

Para practicar los deportes
To Practice Sports

Nombre _____

Here are some objects we use to play various sports. Escribe en español.

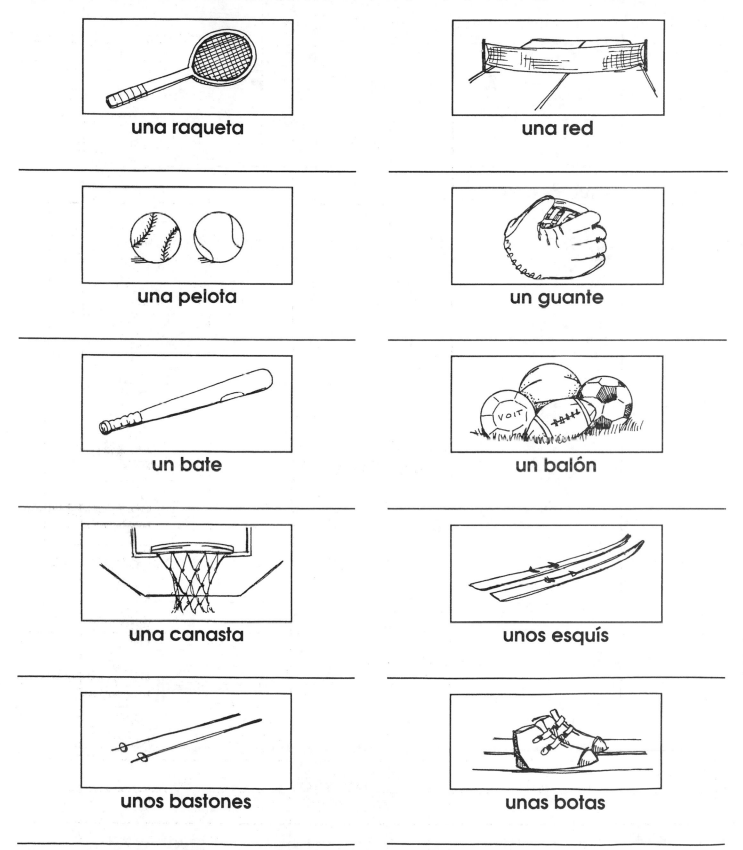

una raqueta

una red

una pelota

un guante

un bate

un balón

una canasta

unos esquís

unos bastones

unas botas

Para practicar los deportes

Tell which items are necessary to participate in each sport shown.

1. **Jugamos el fútbol con** _____

2. **Jugamos el béisbol con** _____

3. **Jugamos el baloncesto con** _____

4. **Jugamos el tenis con** _____

Las comparaciones
Comparisons

Nombre _____

To compare two things or people in Spanish use the following:

más + adjective + que.
(more _____ than)

ejemplo: Antonio es **más alto que** Pablo.
(Antonio is taller than Pablo.)

Note: Remember that adjectives must agree in gender and number with the nouns they modify.

ejemplos: Ana es más alt**a** que María.

Los carros son más grand**es** que las bicicletas.

Miguel   Alberto

Mimi

Bruno

Rosa

Elena

la
manzana

la
fresa

el
elefante

el
gato

Write statements in Spanish comparing the following people and things using the adjectives given.

1. **(gordo)** _____

_____

2. **(bonita)** _____

_____

3. **(morena)** _____

_____

4. **(grande)** _____

_____

5. **(pequeño)** _____

_____

Las comparaciones

Nombre _____

Another way to compare two people or things is to use:

menos + adjective + que.
(less _____ than)

ejemplos: Pablo es **menos** alto **que** Antonio.
(Pablo is less tall than Antonio.)

María es menos alt**a** que María.

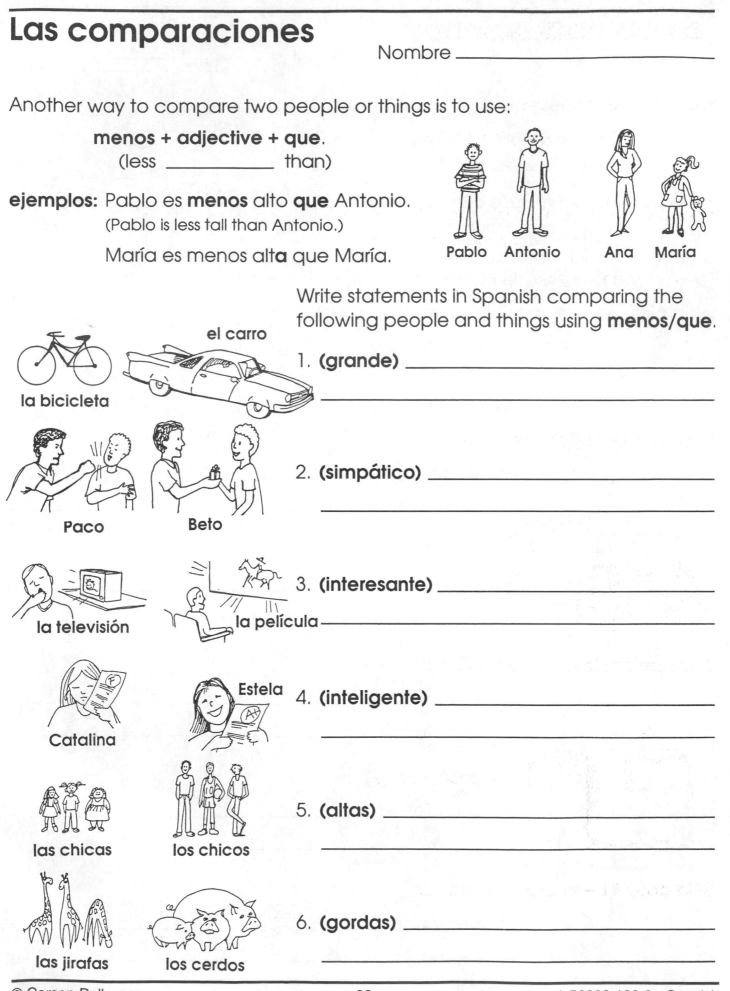

Pablo   Antonio   Ana   María

Write statements in Spanish comparing the following people and things using **menos/que**.

la bicicleta   el carro

1. **(grande)** _____
_____

Paco   Beto

2. **(simpático)** _____
_____

la televisión   la película

3. **(interesante)** _____
_____

Catalina   Estela

4. **(inteligente)** _____
_____

las chicas   los chicos

5. **(altas)** _____
_____

las jirafas   los cerdos

6. **(gordas)** _____
_____

Las comparaciones

Nombre_____

You can compare things that are equal by using the expression:

tan + adjective + como
(as _____ as)

ejemplo: El español es **tan** importante **como** el inglés.
(Spanish is as important as English.)

Tell that the two people or items mentioned are equal in the given quality.

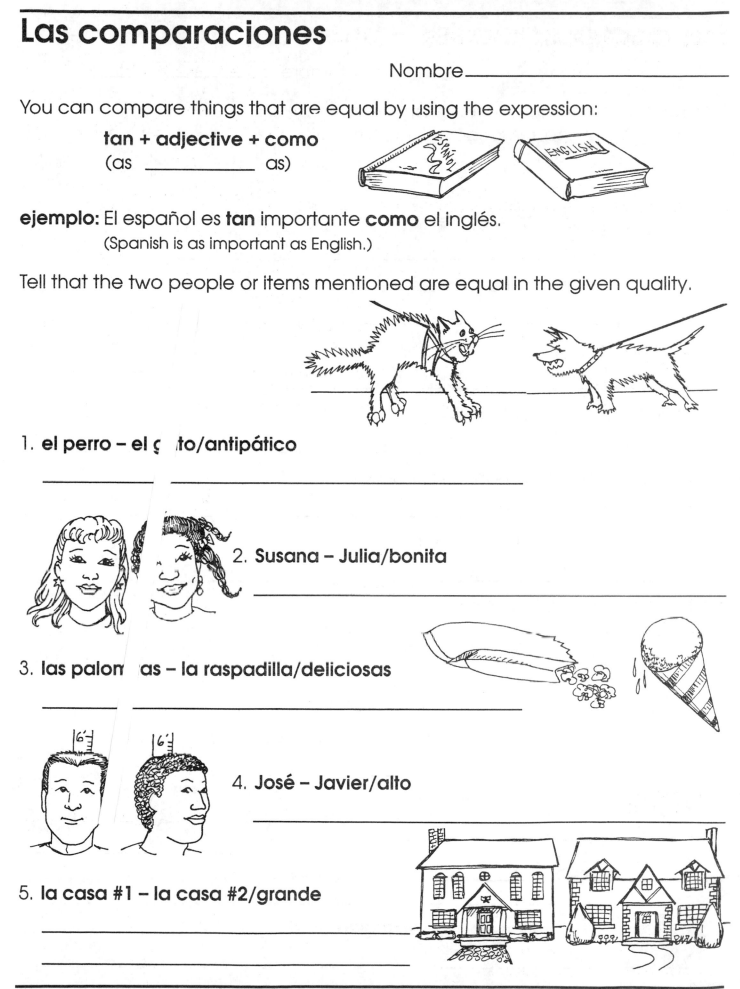

1. **el perro – el gato/antipático**

_____ _____

2. **Susana – Julia/bonita**

_____

3. **las palomitas – la raspadilla/deliciosas**

_____

4. **José – Javier/alto**

_____

5. **la casa #1 – la casa #2/grande**

_____

_____

Las comparaciones – práctica

Nombre_____

Practice all three types of comparisons by writing the following sentences in Spanish.

1. Cars are larger than bicycles.

   _____

2. Mothers are as smart as fathers.

   _____

3. School is less interesting than the beach.

   _____

4. Juana is as nice as Rita.

   _____

5. My house is smaller than my school.

   _____

6. Andrés is taller than his brother.

   _____

7. Tennis is as fun as volleyball.

   _____

8. Pigs are fatter than dogs.

   _____

9. The student is not as tall as the teacher.

   _____

10. Anita is not as pretty as my mother.

    _____

11. The cat is not as mean as the bird.

    _____

12. The chair is not bigger than the refrigerator.

    _____

¿Cuánto cuesta?
How much does it cost?

Nombre _____

To ask how much something costs, the verb **costar** is used with the question word **¿cuánto?** You will only use two forms of the verb **costar** – **cuesta** (it costs) and **cuestan** (they cost).

ejemplos: El libro **cuesta** treinta pesos.
Dos libros cuestan sesenta pesos.

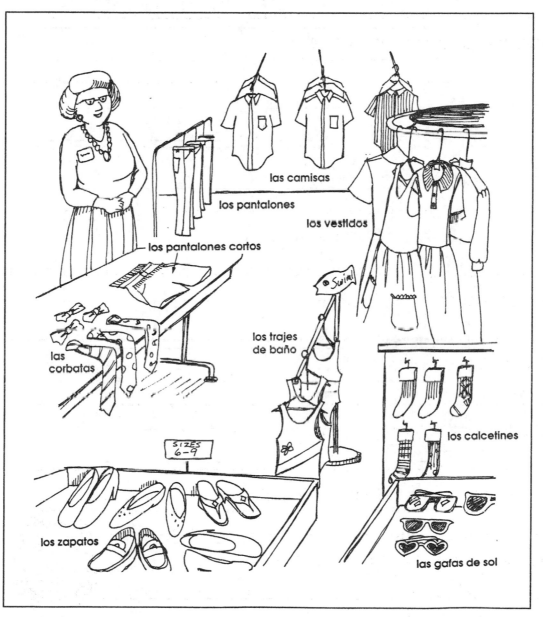

las camisas

los pantalones

los vestidos

los pantalones cortos

las corbatas

los trajes de baño

los calcetines

SIZES 6-9

los zapatos

las gafas de sol

¿Cuánto cuesta?

Nombre _____

A sale is on at your favorite clothing store. Ask the salesperson how much each item in parentheses costs. Then write her response using the given price.

ejemplos: **(socks)** ¿Cuánto cuestan los calcetines?

(10 p) Cuestan diez pesos.

1. **(shorts)** _____

(30 p) _____

2. **(ties)** _____

(20 p) _____

3. **(dress)** _____

(100 p) _____

4. **(swimsuit)** _____

(70 p) _____

5. **(sunglasses)** _____

(20 p) _____

6. **(shoes)** _____

(40 p) _____

7. **(pants)** _____

(80 p) _____

8. **(shirt)** _____

(60 p) _____

9. **(socks)** _____

(10 p) _____

¿De dónde vienes?
Where do you come from?

Nombre_____

Venir			
yo	**vengo**	nosotros/as	**venimos**
tú	**vienes**		
usted él } **viene** ella		ustedes ellos } **vienen** ellas	

The verb **venir** (to come) is irregular.

ejemplo: ¿De dónde vienes tú?
(Where do you come from?)

Yo vengo de Bolivia.
(I come from Bolivia.)

Use the verb **hablar** (to speak) with the name of the language spoken.

ejemplo: Hablo español. (I speak Spanish.)

Using the verb **venir**, tell where the following people come from and what language they speak.

South America

1. **José** _____ **de México.**

   Habla _____.

2. **Las chicas** _____ **de Francia.**

   Hablan _____.

3. **Nosotros** _____ **de Japón.**

   Hablamos _____.

4. **Francesca y Marcello** _____ **de Italia.**

   Hablan _____.

5. **Ustedes** _____ **de Rusia.**

   Hablan _____.

6. **Yo** _____ **de Alemania.**

   Hablo _____.

7. **Ana** _____ **de Portugal.**

   Habla _____.

8. **Tú** _____ **de Inglaterra.**

   Hablas _____.

Languages spoken around the world.
español – Spanish
inglés – English
francés – French
alemán – German
ruso – Russian
portugués – Portuguese
italiano – Italian
japonés – Japanese
chino – Chinese
Note: They are not capitalized in Spanish.

Hay
There Is/There Are

Nombre _____

Hay is an expression meaning "there is" or "there are." It can be followed by a singular or a plural noun. It is often used with the question words **qué** and **cuántos/as**.

¿Qué **hay** en el refrigerador? (What is there in the refrigerator?)
Hay leche en el refrigerador. (There's milk in the refrigerator.)

¿Cuántos chicos **hay** en la clase? (How many boys are there in the class?)
Hay doce chicos en la clase. (There are twelve boys in the class.)

¿Cuántas casas **hay** en la calle? (How many houses are there on the street?)
Hay veinte casas en la calle. (There are twenty houses on the street.)

Note: Cuántos is an adjective. Therefore it has both masculine and feminine forms.

Since **hay** is a verbal expression, put **no** in front of it to make it negative.

No **hay** libros aquí. (There are not books here./ There aren't any books here.)

Mira las fotos y escribe las respuestas.

1. **¿Cuántos chicos hay en la familia?**
_____

2. **¿Cuántas chicas hay en la familia?**
_____

3. **¿Hay un padre?**
_____

4. **¿Hay una madre?**
_____

1. **¿Hay perros en la foto?**
_____

2. **¿Cuántos perros hay en la foto?**
_____

3. **¿Cuántos gatos hay?**

4. **¿Cuántos pájaros hay?**

Mónica y Carlos

Nombre_____

Lee los párrafos y contesta las preguntas.

¡Hola! Me llamo Mónica Sánchez. Yo soy de España. Yo soy la amiga (friend) de Carlos Molina.

Carlos es de los Estados Unidos. Carlos es fantástico. El es bajo, rubio, y sincero. Le gustan los deportes. A mí también. Nos gusta el tenis y el fútbol. No nos gusta nadar o correr.

Yo soy estudiante en una escuela en Barcelona. Carlos es estudiante en una escuela en Tarragona. Me gusta la clase de historia y me gustan mucho las matemáticas. A Carlos no le gustan las matemáticas, pero a él le gusta la clase de historia también. Nosotros somos inteligentes.

1. **¿Es Mónica de los Estados Unidos?**

_____

2. **¿Es Carlos de España?**

_____

3. **¿Cómo es Carlos?**

_____

4. **¿A Carlos le gustan los deportes?**

_____

5. **¿A Mónica también le gustan los deportes?**

_____

6. **¿A ellos les gusta correr?**

_____

7. **¿Dónde está la escuela de Mónica?**

_____

8. **¿Dónde está la escuela de Carlos?**

_____

9. **¿A Mónica le gusta la historia?**

_____

10. **¿Son ellos inteligentes?**

_____

Anita

Lee los párrafos y contesta las preguntas. (Read the paragraphs and answer the questions.)

Anita vive en Santiago. Ella es de Chile. Ella habla español y habla inglés también. Le gusta la clase de inglés en la escuela. Ella es muy inteligente, pero no le gusta la profesora de biología. Le gusta mucho la clase de geografía. Le gusta llevar una camiseta y unos bluejeans a la escuela. Le gusta cantar y bailar.

1. **¿Dónde vive Anita?**
   _____

2. **¿Es Anita de México?**
   _____

3. **¿Qué clases le gustan a Anita?**
   _____

4. **¿Qué le gusta llevar a la escuela?**
   _____

5. **¿Habla Anita francés?**
   _____

Pablo

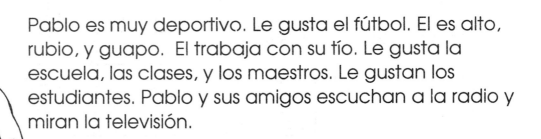

Pablo es muy deportivo. Le gusta el fútbol. El es alto, rubio, y guapo. El trabaja con su tío. Le gusta la escuela, las clases, y los maestros. Le gustan los estudiantes. Pablo y sus amigos escuchan a la radio y miran la televisión.

1. **¿Es Pablo deportivo?**
   _____

2. **¿Es Pablo bajo y pelirrojo?**
   _____

3. **¿Estudia él con sus amigos?**
   _____

4. **¿Le gusta la escuela?**
   _____

Repaso del vocabulario
Vocabulary Review

Nombre_____

Use the clues below to solve the crossword puzzle.

Across

1. donde lavamos los platos
6. sábado y domingo
7. está encima de la casa
8. en el verano hace mucho_____.
11. se necesita para el volibol y el tenis
13. jugamos este deporte con una red y un balón
16. entre la mañana y la noche
18. en diciembre hace mucho_____.
19. necesitamos estos para esquiar
20. donde compramos helado

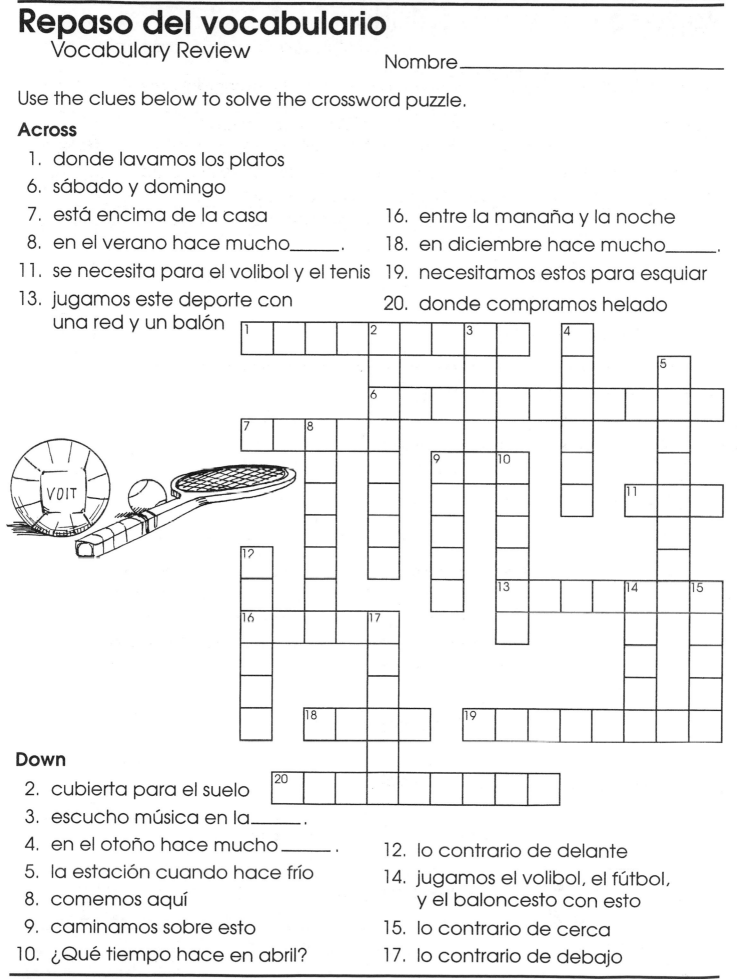

Down

2. cubierta para el suelo
3. escucho música en la_____.
4. en el otoño hace mucho_____.
5. la estación cuando hace frío
8. comemos aquí
9. caminamos sobre esto
10. ¿Qué tiempo hace en abril?
12. lo contrario de delante
14. jugamos el volibol, el fútbol, y el baloncesto con esto
15. lo contrario de cerca
17. lo contrario de debajo

Repaso del vocabulario

Nombre_____

Write the following words in Spanish.

1. to be _____
2. boring _____
3. to cry _____
4. easy _____
5. factory worker _____
6. good-looking _____
7. to greet _____
8. journalist _____
9. lawyer _____
10. midnight _____

11. nurse _____
12. to open _____
13. to read _____
14. sad _____
15. sandals _____
16. shoes _____
17. sixty _____
18. tie _____
19. what _____
20. to work _____

Identifica la ropa en las fotos.

Escribe los números.

1. cincuenta _____
2. trescientos _____
3. mil _____
4. quinientos _____
5. setecientos _____

6. setenta y dos _____
7. noventa y uno _____
8. un millón _____
9. cuatro mil _____
10. sesenta _____

Answer Key
Spanish
Middle/High School

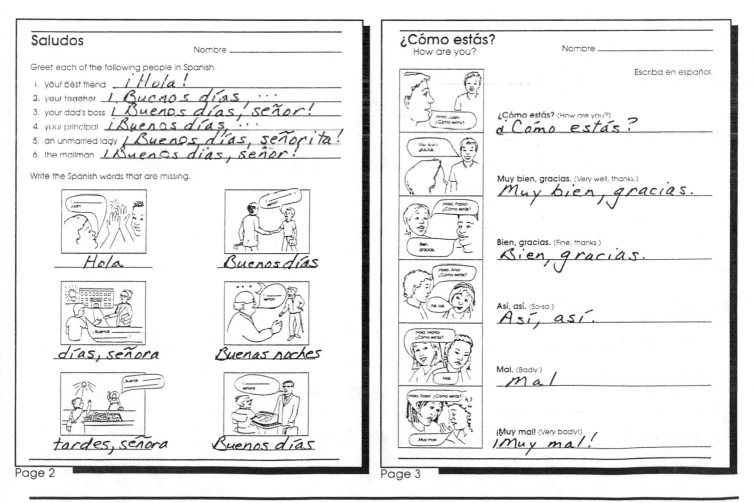

Saludos

Nombre _____

Greet each of the following people in Spanish.

1. your best friend ¡Hola!
2. your teacher 1. Buenos días, ...
3. your dad's boss 1 Buenos días, señor!
4. your principal ¡Buenos días, ...
5. an unmarried lady 1 Buenos días, señorita!
6. the mailman 1 Buenos días, señor!

Write the Spanish words that are missing.

Hola

Buenos días

días, señora

Buenas noches

tardes, señora

Buenos días

¿Cómo estás?
How are you?

Nombre _____

Escriba en español.

¿Cómo estás? (How are you?)
¿Cómo estás?

Muy bien, gracias. (Very well, thanks.)
Muy bien, gracias.

Bien, gracias. (Fine, thanks.)
Bien, gracias.

Así, así. (So-so.)
Así, así.

Mal. (Badly.)
mal

¡Muy mal! (Very badly!)
¡Muy mal!

Page 2

Page 3

¿Comó estás?

Nombre _____

Define the following terms.

¿Cómo estás? _How are you?_
Bien, gracias. _Fine, thanks._
Muy mal. _Very badly._
Así, así. _So so._
Muy bien. _Very well._
Mal. _Badly._

Answer according to the pictures.

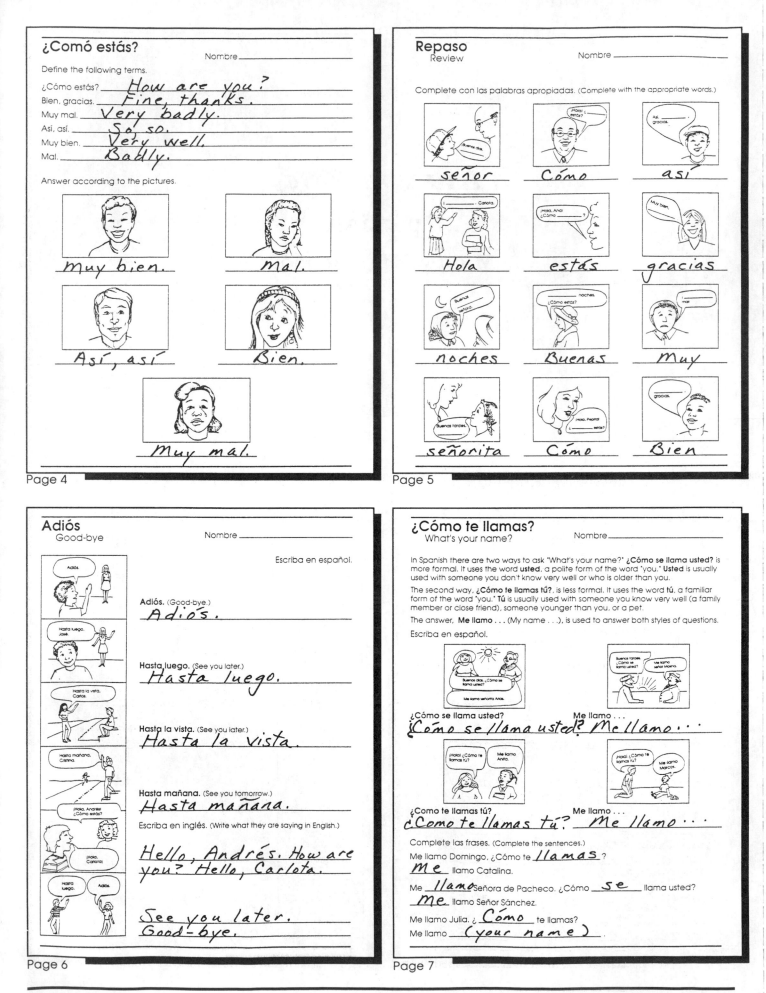

muy bien.

mal.

Así, así

Bien.

Muy mal.

Repaso
Review

Nombre _____

Complete con las palabras apropiadas. (Complete with the appropriate words.)

señor

Cómo

así

Hola

estás

gracias

noches

Buenas

Muy

señorita

Cómo

Bien

Adiós
Good-bye

Nombre _____

Escriba en español.

Adiós. (Good-bye.)
Adiós.

Hasta luego. (See you later.)
Hasta luego.

Hasta la vista. (See you later.)
Hasta la vista.

Hasta mañana. (See you tomorrow.)
Hasta mañana.

Escriba en inglés. (Write what they are saying in English.)

Hello, Andrés. How are you? Hello, Carlota.

See you later.
Good-bye.

¿Cómo te llamas?
What's your name?

Nombre _____

In Spanish there are two ways to ask "What's your name?" **¿Cómo se llama usted?** is more formal. It uses the word **usted**, a polite form of the word "you." **Usted** is usually used with someone you don't know very well or who is older than you.

The second way, **¿Cómo te llamas tú?** is less formal. It uses the word **tú**, a familiar form of the word "you." **Tú** is usually used with someone you know very well (a family member or close friend), someone younger than you, or a pet.

The answer, **Me llamo . . .** (My name . . .), is used to answer both styles of questions.

Escriba en español.

¿Cómo se llama usted?   Me llamo . . .
¿Cómo se llama usted? Me llamo . . .

¿Cómo te llamas tú?   Me llamo . . .
¿Como te llamas tú? Me llamo . . .

Complete las frases. (Complete the sentences.)

Me llamo Domingo, ¿Cómo te _llamas_?
_Me_ llamo Catalina.

Me _llamo_ Señora de Pacheco. ¿Cómo _se_ llama usted?
_Me_ llamo Señor Sánchez.

Me llamo Julia. ¿_Cómo_ te llamas?
Me llamo _(your name)_

1-56822-198-3 • Spanish

Repaso
Review

Nombre _____

I. Write the Spanish words to complete the dialogues.

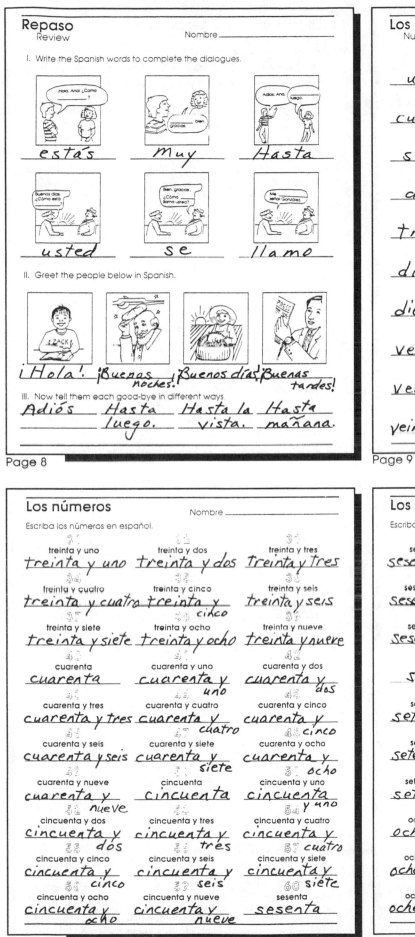

estás   muy   Hasta

usted   se   llamo

II. Greet the people below in Spanish.

¡Hola!   ¡Buenas noches!   ¡Buenos días!   ¡Buenas tardes!

III. Now tell them each good-bye in different ways.

Adiós   Hasta luego.   Hasta la vista.   Hasta mañana.

Page 8

Los números
Numbers

Nombre _____

Escriba los números en español.

uno	dos	tres
uno	dos	tres
cuatro	cinco	seis
cuatro	cinco	seis
siete	ocho	nueve
siete	ocho	nueve
diez	once	doce
diez	once	doce
trece	catorce	quince
trece	catorce	quince
dieciséis	diecisiete	dieciocho
dieciséis	diecisiete	dieciocho
diecinueve	veinte	veintiuno
diecinueve	veinte	veintiuno
veintidós	veintitrés	veinticuatro
veintidós	veintitrés	veinticuatro
veinticinco	veintiséis	veintisiete
veinticinco	veintiséis	veintisiete
veintiocho	veintinueve	treinta
veintiocho	veintinueve	treinta

Page 9

Los números

Nombre _____

Escriba los números en español.

treinta y uno	treinta y dos	treinta y tres
treinta y uno	treinta y dos	treinta y tres
treinta y cuatro	treinta y cinco	treinta y seis
treinta y cuatro	treinta y cinco	treinta y seis
treinta y siete	treinta y ocho	treinta y nueve
treinta y siete	treinta y ocho	treinta y nueve
cuarenta	cuarenta y uno	cuarenta y dos
cuarenta	cuarenta y uno	cuarenta y dos
cuarenta y tres	cuarenta y cuatro	cuarenta y cinco
cuarenta y tres	cuarenta y cuatro	cuarenta y cinco
cuarenta y seis	cuarenta y siete	cuarenta y ocho
cuarenta y seis	cuarenta y siete	cuarenta y ocho
cuarenta y nueve	cincuenta	cincuenta y uno
cuarenta y nueve	cincuenta	cincuenta y uno
cincuenta y dos	cincuenta y tres	cincuenta y cuatro
cincuenta y dos	cincuenta y tres	cincuenta y cuatro
cincuenta y cinco	cincuenta y seis	cincuenta y siete
cincuenta y cinco	cincuenta y seis	cincuenta y siete
cincuenta y ocho	cincuenta y nueve	sesenta
cincuenta y ocho	cincuenta y nueve	sesenta

Page 10

Los números

Nombre _____

Escriba los números en español.

sesenta y uno	sesenta y dos	sesenta y tres
sesenta y uno	sesenta y dos	sesenta y tres
sesenta y cuatro	sesenta y cinco	sesenta y seis
sesenta y cuatro	sesenta y cinco	sesenta y seis
sesenta y siete	sesenta y ocho	sesenta y nueve
sesenta y siete	sesenta y ocho	sesenta y nueve
setenta	setenta y uno	setenta y dos
setenta	setenta y uno	setenta y dos
setenta y tres	setenta y cuatro	setenta y cinco
setenta y tres	setenta y cuatro	setenta y cinco
setenta y seis	setenta y siete	setenta y ocho
setenta y seis	setenta y siete	setenta y ocho
setenta y nueve	ochenta	ochenta y uno
setenta y nueve	ochenta	ochenta y uno
ochenta y dos	ochenta y tres	ochenta y cuatro
ochenta y dos	ochenta y tres	ochenta y cuatro
ochenta y cinco	ochenta y seis	ochenta y siete
ochenta y cinco	ochenta y seis	ochenta y siete
ochenta y ocho	ochenta y nueve	noventa
ochenta y ocho	ochenta y nueve	noventa

Page 11

1-56822-198-3 • Spanish

Los números

91	92	93
noventa y uno	noventa y dos	noventa y tres
noventa y uno	noventa y dos	noventa y tres

94	95	96
noventa y cuatro	noventa y cinco	noventa y seis
noventa y cuatro	noventa y cinco	noventa y seis

97	98	99
noventa y siete	noventa y ocho	noventa y nueve
noventa y siete	noventa y ocho	noventa y nueve

100	101	200
cien	ciento uno	doscientos
cien	ciento uno	doscientos

202	300	303
doscientos dos	trescientos	trescientos tres
doscientos dos	trescientos	trescientos tres

400	404	500
cuatrocientos	cuatrocientos cuatro	quinientos
cuatrocientos	cuatrocientos cuatro	quinientos

600	700	800
seiscientos	setecientos	ochocientos
seiscientos	setecientos	ochocientos

900	1,000	1,100
novecientos	mil	mil cien
novecientos	mil	mil cien

1,500	2,000	10,000
mil quinientos	dos mil	diez mil
mil quinientos	dos mil	diez mil

100,000	1,000,000	2,000,000
cien mil	un millón	dos millones
cien mil	un millón	dos millones

Nota: Ciento/os changes to cienta/as when used with feminine nouns.
ejemplos: doscientos chicos, doscientas chicas

Práctica con los números

Escriba los números en español.

1. 67 — sesenta y siete
2. 181 — ciento ochenta y uno
3. 92 — noventa y dos
4. 74 — setenta y cuatro
5. 243 — doscientos cuarenta y tres
6. 515 — quinientos quince
7. 926 — novecientos veintiséis
8. 304 — trescientos cuatro
9. 1,200 — mil doscientos
10. 4,000 — cuatro mil
11. 500,126 — quinientos mil ciento veintiséis
12. 1,894,037 — un millón ochocientas noventa y cuatro mil treinta y siete
13. 3,600,012 — tres millones seiscientos mil doce
14. 987,651 — novecientos ochenta y siete mil seiscientos cincuenta y uno

Escriba los números.

1. trescientos noventa y tres — 393
2. cincuenta y cuatro — 54
3. ocho mil siete — 8,007
4. mil ciento uno — 1,101
5. setecientos trece — 713
6. dos mil once — 2,011
7. un millón catorce — 1,000,014
8. novecientos dos — 902
9. quinientos — 500
10. quince mil — 15,000
11. un millón seiscientos — 1,000,600
12. diez mil veintidós — 10,022
13. setecientos treinta — 730
14. catorce millones — 14,000,000

Write how you would say the following years in Spanish.

ejemplo: 1995 mil novecientos noventa y cinco

1492 — mil cuatrocientos noventa y dos
1776 — mil setecientos setenta y seis
1955 — mil novecientos cincuenta y cinco
1812 — mil ochocientos doce
1548 — mil quinientos cuarenta y ocho
1637 — mil seiscientos treinta y siete

Los días de la semana
Days of the Week

lunes	martes	miércoles	jueves	viernes	sábado	domingo
	1	2	3	4	5	6
7	8	9	10	11	12	13
14	15	16	17	18	19	20
21	22	23	24	25	26	27
28	29	30.	31			

Escriba los días en español.

lunes (Monday)	martes (Tuesday)	miércoles (Wednesday)	jueves (Thursday)
lunes	martes	miércoles	jueves

viernes (Friday)	sábado (Saturday)	domingo (Sunday)	el día (day)
viernes	sábado	domingo	el día

I. Escriba los días de la semana. (**Note:** In Spanish Monday comes first.)

lunes, martes, miércoles, jueves, viernes, sábado, domingo

II. Escriba el día siguiente. (Write the following day.)

martes — miércoles
domingo — lunes
jueves — viernes
lunes — martes
viernes — sábado
sábado — domingo
miércoles — jueves

III. Escriba en español. (Write in Spanish.)

Sunday — domingo
Tuesday — martes
Wednesday — miércoles
Monday — lunes
Friday — viernes
Thursday — jueves
Saturday — sábado

Los meses del año
Months of the Year

Escriba las palabras en español.

enero	mayo	septiembre
enero	mayo	septiembre

febrero	junio	octubre
febrero	junio	octubre

marzo	julio	noviembre
marzo	julio	noviembre

abril	agosto	diciembre
abril	agosto	diciembre

I. Escriba el mes siguiente. (Write the following month.)

marzo — abril
diciembre — enero
julio — agosto
octubre — noviembre
febrero — marzo
junio — julio

enero — febrero
abril — mayo
agosto — septiembre
mayo — junio
septiembre — octubre
noviembre — diciembre

II. ¿Cuántos días hay en cada mes? Escriba los números en español.
(How many days are in each month? Write the numbers in Spanish.)

junio — treinta
diciembre — treinta y uno
agosto — treinta y uno
febrero — veintiocho

octubre — treinta y uno
julio — treinta y uno
noviembre — treinta
mayo — treinta y uno

¿Qué fecha es hoy?
What is the date?

Nombre _____

abril
1 2 3
4 5 6 7 8 9 10
11 12 13 14 15 16 17
18 19 20 21 22 23 24
25 26 27 28 29 30

¿Qué fecha es hoy? (What is today's date?)
Hoy es el once de abril. (Today is the 11th of April.)

septiembre
1 2 3 4 5 6
7 8 9 10 11 12 13
14 15 16 17 18 19 20
21 22 23 24 25 26 27
28 29 30

¿Qué fecha es hoy?
Hoy es el primero de septiembre. (Today is September 1st.)

febrero
1 2 3 4 5 6
7 8 9 10 11 12 13
14 15 16 17 18 19 20
21 22 23 24 25 26 27
28

Escribe las fechas en español.

¿Qué fecha es hoy?
Hoy es el _tres_ de _febrero_

diciembre
1 2 3 4
5 6 7 8 9 10 11
12 13 14 15 16 17 18
19 20 21 22 23 24 25
26 27 28 29 30 31

¿Qué fecha es hoy?
Hoy es el _veinticinco_ de _diciembre_

enero
1 2
3 4 5 6 7 8 9
10 11 12 13 14 15 16
17 18 19 20 21 22 23
24 25 26 27 28 29 30
31

¿Qué fecha es hoy?
Hoy es el _dos_ de _enero_

¿Qué fecha es . . .

hoy? _Answers will vary._
mañana? (tomorrow) _"_
tu cumpleaños? (your birthday) _"_
la Navidad? (Christmas) _el veinticinco de diciembre_
el día de la Independencia? (Independence Day) _el cuatro de julio_
el primer día de clases? (the first day of school) _Answers will vary._
el Día de Gracias? (Thanksgiving) _"_
la Víspera dl todos los Santos?(Halloween) _el treinta y uno de octubre_

Me gusta . . .
I like . . .

Nombre _____

Me gusta la televisión.
me gusta la televisión.

Me gusta la radio.
Me gusta la radio.

Me gusta la música.
me gusta la música.

Me gusta el español.
me gusta el español.

Me gusta la escuela.
me gusta la escuela.

Me gusta el cine.
me gusta el cine.

Me gusta . . .

Nombre _____

Escriba las frases en español.

Me gusta el dinero.
Me gusta el dinero.

Me gusta el tenis.
me gusta el tenis.

Me gusta el fútbol.
Me gusta el fútbol.

Me gusta el béisbal.
me gusta el béisbal.

Note: Gusta becomes gustan when what you like is plural.

Me gustan las uvas.
me gustan las uvas.

Me gustan los refrescos.
me gustan los refresc

Me gusta(n) mucho . . .
I really like . . .

Nombre _____

Escriba las frases en español.

Me gusta mucho el chocolate.
me gusta mucho el chocolate.

Me gusta mucho el helado.
Me gusta mucho el helado.

Me gusta mucho el queso.
Me gusta mucho el queso.

Me gusta mucho la torta.
Me gusta mucho la torta.

Note: Gusta becomes gustan when what you like is plural.

Me gustan mucho las fresas.
Me gustan mucho las fresas.

Me gustan mucho las vacaciones.
me gustan mucho las vacaciones.

No me gusta(n) . . .
I don't like . . .

Escriba las frases en español.

No me gustan los guisantes.
No me gustan los guisantes.

No me gustan las espinacas.
No me gustan las espinacas.

No me gusta el brécol.
No me gusta el brécol.

No me gustan las zanahorias.
No me gustan las zanahorias.

No me gustan las cebollas.
No me gustan las cebollas.

No me gustan las pasas.
No me gustan las pasas.

Repaso

Write each item in the correct category in Spanish to show whether you **like**, **like a lot**, or **dislike** each one.

Me gusta(n) . . . *Answers will vary.*
_____
_____
_____
_____

Me gusta(n) mucho . . .
_____
_____
_____

No me gusta(n) . . .
_____
_____
_____

Tell whether or not you like the items pictured.

_____
_____
_____
_____
_____

¿Te gusta . . . ?
Do you like . . . ?

To ask someone you know well if he/she likes something, use the **familiar** form, **¿Te gusta(n)?**

To ask someone you do not know well or is older than you are if he/she likes something, use the **formal** form, **¿Le gusta(n)?**

Answer these questions with "**me gusta(n)**" or "**no me gusta(n).**"

Example: (familiar) ¿**Te** gusta el helado? (Do you like ice cream?)

Sí, **me** gusta el helado. (Yes, I like ice cream.)

(formal) ¿**Le** gustan las pasas? (Do you like raisins?)

No, no **me** gustan las pasas. (No, I don't like raisins.)

*Remember that gusta becomes gustan when the subject is more than one.

Write a question asking each person what they think of each pictured item.

1. (your little brother)
¿**Te** gusta *el cine?*

2. (an old man)
¿**Le** gustan *los guisantes?*

3. (your best friend)
¿Te gustan los refrescos?

4. (your teacher)
¿Le gusta el español?

5. (the mailman)
¿Le gustan las vacaciones?

6. (your classmate)
¿Te gustan las zanahorias?

Los actividades–verbos
Activities–Verbs

Escriba en español.

enseñar
(to teach)
enseñar

bailar
(to dance)
bailar

trabajar
(to work)
trabajar

jugar
(to play)
jugar

cantar
(to sing)
cantar

escuchar la radio
(to listen to the radio)
escuchar la radio

caminar
(to walk)
caminar

Los actividades–verbos

Escriba en español.

estudiar
(to study)

estudiar

cocinar
(to cook)

cocinar

nadar
(to swim)

nadar

hablar español
(to speak Spanish)

hablar español

saltar
(to jump)

saltar

comprar
(to buy)

comprar

mirar la televisión
(to watch TV)

mirar la televisión

Page 24

Los actividades

Nombre

Tell whether you **like**, **like a lot**, or **do not like** to do the activities in each picture.

(No) me gusta (mucho) cocinar.

(No) me gusta (mucho) mirar la TV.

(No) me gusta (mucho) trabajar.

(No) me gusta (mucho) estudiar.

(No) me gusta (mucho) bailar.

(No) me gusta (mucho) nadar.

(No) me gusta (mucho) comprar.

(No) me gusta (mucho) jugar.

(No) me gusta (mucho) caminar.

Page 25

¿Y a ti?
And you?

Nombre

Contesta en español. (Answer in Spanish.)

Sí, me gusta la música.
No, no me gusta la música.

Sí, me gusta nadar.
No, no me gusta nadar.

Sí, me gusta el helado.
No, no me gusta el helado.

Sí, me gusta la Coca-Cola.
No, no me gusta la Coca-Cola.

Page 26

Verbos que terminan en –ar
Verbs that end in -ar

Nombre

You have learned how to speak in Spanish about what you like and do not like to do. It is also useful to be able to tell what you and other people do.

Most verbs in Spanish end in **-ar** (cantar = to sing, trabajar = to work, nadar = to swim). This form of the verb is called the infinitive.

The **stem** of the verb is the infinitive minus the **-ar** (example: hablar–ar = habl). Different endings are added to the stem for each subject.

Here are the subject pronouns and the endings for each one for the sample verb **hablar**.

Hablar					
Singular			**Plural**		
I	yo	hablo	we	nosotros nosotras	habl**amos**
you (fam.)	tú	habl**as**			
you (formal) he she it	usted él ella él/ella	} habl**a**	you (pl.) they	ustedes ellos/ellas	} habl**an**

Study the list of verbs below.

hablar	= to speak		tocar	= to play
cantar	= to sing		visitar	= to visit
nadar	= to swim		saludar	= to greet
escuchar	= to listen (to)		mirar	= to look (at)
bailar	= to dance		contestar	= to answer
estudiar	= to study		cocinar	= to bake

comprar	= to buy
trabajar	= to work
preparar	= to prepare
caminar	= to walk
desear	= to want
llevar	= to wear
llorar	= to cry

saltar = to jump

Page 27

Verbos que terminan en –ar

Nombre _____

I. Write the stems of the verbs below.

escuchar *escuch* trabajar *trabaj* saltar *salt*
nadar *nad* cocinar *cocin* comprar *compr*
estudiar *estudi* caminar *camin* llevar *llev*
cantar *cant* mirar *mir* contestar *contest*

II. Write the **-ar** endings for each of the subject pronouns below.

tú *as* yo *o* usted *a*
él *a* nosotros *amos* ellos *an*
ustedes *an* nosotras *amos* ella *a*

III. Write the correct form for each subject for the verbs below.

cantar stem *cant*
yo *canto* él *canta* ustedes *cantan*
tú *cantas* nosotros *cantamos* ellos *cantan*

estudiar stem *estudi*
yo *estudio* ella *estudia* ustedes *estudian*
tú *estudias* nosotros *estudiamos* ellas *estudian*

llevar stem *llev*
yo *llevo* él *lleva* ustedes *llevan*
tú *llevas* nosotros *llevamos* ellas *llevan*

Verbos que terminan en –ar

Nombre _____

Use the pictures to write and conjugate the verbs.

verb *nadar* stem *nad*
yo *nado* ella *nada* ustedes *nadan*
tú *nadas* nosotros *nadamos* ellos *nadan*

verb *cocinar* stem *cocin*
yo *cocino* ella *cocina* ustedes *cocinan*
usted *cocina* nosotras *cocinamos* ellas *cocinan*

verb *bailar* stem *bail*
yo *bailo* ella *baila* ustedes *bailan*
tú *bailas* nosotros *bailamos* ellos *bailan*

verb *caminar* stem *camin*
yo *camino* él *camina* ustedes *caminan*
tú *caminas* nosotras *caminamos* ellos *caminan*

verb *escuchar* stem *escuch*
yo *escucho* ella *escucha* ustedes *escuchan*
tú *escuchas* nosotros *escuchamos* ellas *escuchan*

verb *saltar* stem *salt*
yo *salto* él *salta* ustedes *saltan*
usted *salta* nosotros *saltamos* ellas *saltan*

Repaso

Nombre _____

I. Matching.

1. I sing. *1* Yo canto.
2. He dances. *5* Ella escucha.
3. They talk. *7* Nosotros trabajamos.
4. You jump. (fam.) *4* Tú saltas.
5. She listens. *6* Usted cocina.
6. You cook. (formal) *3* Ellos hablan.
7. We work. *2* Él baila.

II. Fill in the blank with the appropriate verb form.

Ellas *cantan.* Él *habla.* Ella *compra.*

Ella *salta.* Yo *camino.* Ustedes *bailan.*

Usted *enseña* matemáticas. Tú *estudias* español. Yo *trabajo* mucho.

Ellos *miran* la televisión. Ellos *escuchan* la radio. Nosotros *jugamos* tenis.

La ropa
Clothing

Nombre _____

Escriba las palabras en español.

el abrigo | los pantalones cortos | el suéter | el vestido
el abrigo | *los pantalones cortos* | *el suéter* | *el vestido*

la falda | la corbata | la camiseta | los zapatos
la falda | *la corbata* | *la camiseta* | *los zapatos*

los calcetines | los sandalias | el traje de baño | la chaqueta
los calcetines | *los sandalias* | *el traje de baño* | *la chaqueta*

Escriba las frases en español.

1. I like T-shirts.
Me gustan las camisetas.
2. Marcos is wearing shorts.
Marcos lleva pantalones cortos.
3. Ana and Maria wear dresses.
Ana y María llevan vestidos.
4. We're wearing swimming suits.
Nosotros llevamos trajes de baños.
5. I'm buying a tie.
Yo compro una corbata.

6. Do you like to wear sandals?
¿Te gusta llevar sandalias?
7. They're buying skirts.
Ellas compran faldas.
8. She's buying the coat.
Ella compra el abrigo.
9. I like sweaters.
Me gustan los suéters.
10. He's wearing a jacket.
Él lleva una chaqueta.

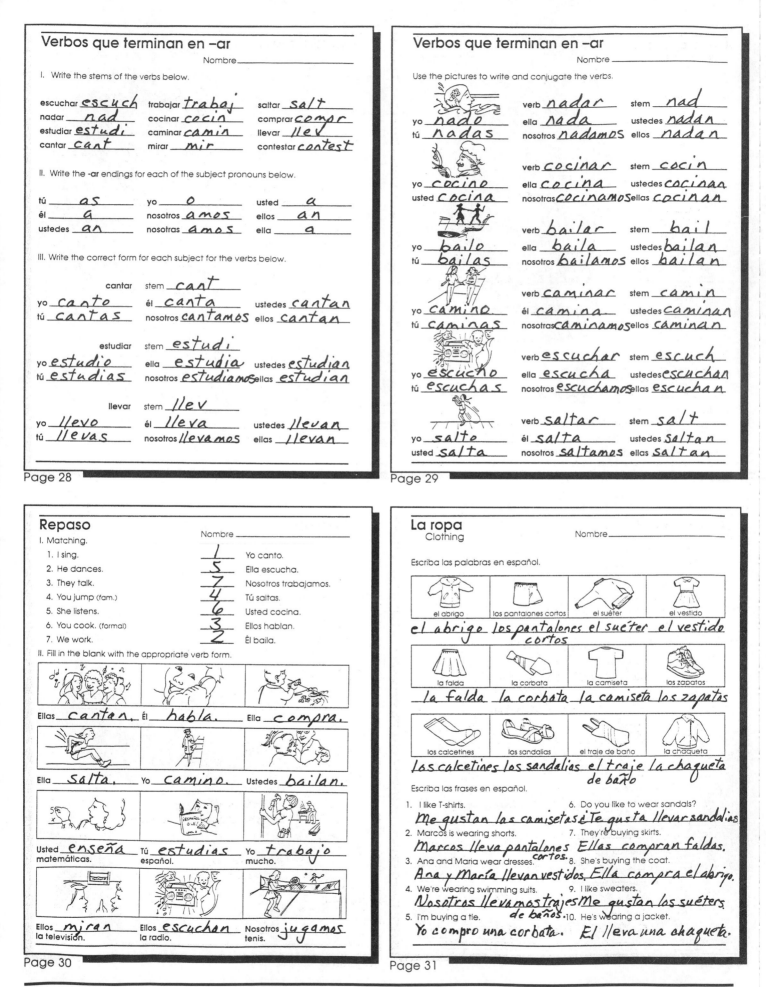

Las preguntas
The Questions

Nombre _____

To form a yes/no question in Spanish, reverse the order of the subject and the verb. An inverted question mark is used at the beginning of the question.

Ejemplo: ¿Hablas tú español?
(verb)(subject)

*Remember that a question asked of **you** (addressed as tú or usted) should be answered with **I** (yo). A question asked of **you** plural (ustedes) should be answered with **we** (nosotros).

¿Hablas tú español? (Do you speak Spanish?)
Sí, yo hablo español. (Yes, I speak Spanish.)

¿Hablan ustedes español? (Do you (plural) speak Spanish?)
Sí, nosotros hablamos español. (Yes, we speak Spanish.)

Conteste las preguntas en español.
(Answer the questions in Spanish.)

1. ¿Habla ella inglés?
Sí, _ella habla inglés._

2. ¿Prepara ella la comida?
Sí, _ella prepara la comida._

3. ¿Escucha usted la radio?
Sí, _yo escucho la radio_

4. ¿Cantan ellos bien?
No, _ellos no cantan bien._

5. ¿Baila él bien?
Sí, _él baila bien_ .

6. ¿Estudias tú historia?
No, _yo no estudio historia._

7. ¿Llevan ellas vestidos?
Sí, _ellos llevan vestidos._

8. ¿Nadan ustedes en la piscina?
Sí, _nosotros nadamos en la piscina_

Page 32

Las preguntas

Nombre _____

Escriba las preguntas.
(Write the questions.)

1. ¿ _Nada ella bien_ ?
No, ella no nada bien.

2. ¿ _Caminan ustedes_ ?
Sí, nosotros caminamos.

3. ¿ _Habla él francés_ ?
No, él no habla francés.

4. ¿ _Escuchan ellas la radio?_
Sí, ellas escuchan la radio.

5. ¿ _Tocas tú la guitarra_?
No, yo no toco la guitarra.

6. ¿ _Visitan ustedes España_ ?
Sí, nosotros visitamos España.

7. ¿ _Lleva ella un abrigo_ ?
No, ella no lleva abrigo.

8. ¿ _Estudias tú ciencias_ ? (science).
Sí, yo estudio ciencias (science).

9. ¿ _Bailan ellos_ ?
No, ellos no bailan.

10. ¿ _Hablas tú español_ ?
Sí, yo hablo español.

11. ¿ _Mira él la televisión_ ?
No, él no mira la televisión.

12. ¿ _Cantan ustedes_ ?
Sí, nosotros cantamos.

13. ¿ _Cocina ella_ ?
Sí, ella cocina.

Page 33

Las preguntas

Nombre _____

Conteste las preguntas según las fotos.
(Answer the questions according to the pictures.)

1. ¿Hablas tú inglés?
Sí, yo hablo inglés.

2. ¿Qué habla él?
El habla español.

3. ¿Miran ellos la televisión?
No, ellos no miran la televisión

4. ¿Qué te gusta?
Me gustan las pasas.

5. ¿Nada usted?
Sí, yo nado.

6. ¿Escuchan ustedes la radio?
Sí, yo escucho la radio.

7. ¿Llora ella?
No, ella no llora.

8. ¿Qué tocas tú?
Yo toco el piano

9. ¿Cantan ellas?
Sí, ellas cantan.

10. ¿Saludan ellos?
Sí, ellos saludan.

11. ¿Qué estudia ella?
Ella estudia español.

Page 34

Los negativos
Negatives

Nombre _____

To make a sentence negative, simply put the word **no** (not) before the verb.

ejemplo: Yo hablo español. (I speak Spanish.)

Yo no hablo español. (I do not speak Spanish.)

Make each sentence negative.

Ellos saltan.
Ellos no saltan.

Ellas nadan.
Ellas no nadan.

Él camina.
Él no camina.

Yo miro la televisión.
Yo no miro la televisión.

Nosotros bailamos.
Nosotros no bailamos.

Ella estudia.
Ella no estudia.

Page 35

¿Qué quiere decir?
What does that mean?

Nombre _____

Write the meaning of the questions and answers below in English.

¿Bailan ustedes?
Do you dance?

Sí, bailamos mucho.
Yes, we dance a lot.

¿Miras tú la televisión?
Are you watching TV?

Sí, yo miro la televisión.
Yes, I'm watching TV.

¿Saltan ellas?
Do they jump?

Sí, ellas saltan bien.
Yes, they jump well.

¿Trabajan ellos?
Are they working?

Sí, ellos trabajan.
Yes, they are working.

¿Nada ella?
Is she swimming?

Sí, ella nada.
Yes, she is swimming.

¿Cantas tú bien?
Are you singing good?

Sí, yo canto bien.
Yes, I am singing good.

Answering Questions Negatively

Nombre _____

Respond to the following questions negatively. (The first "no" means **no** in answer to the question. The "no" before the verb means **not**.)

ejemplo: ¿Bailas tú? (Do you dance?)

No, yo no bailo. (No, I do not dance.)

¿Cantas tú bien?
No, yo no canto bien.

¿Nadan ellos?
No, ellos no nadan.

¿Estudia usted?
No, yo no estudio.

¿Escucha ella?
No, ella no escucha.

¿Trabajan ustedes?
No, nosotros no trabajamos.

¿Salta él bien?
No, él no salta bien.

¿Compra él un melón?
No, él no compra un melón.

Preguntas
Questions

Nombre _____

Answer the questions according to the information in each picture.

¿Escucha ella la radio?
Sí, ella escucha la radio.

¿Lava ella los platos?
No, ella no lava los platos.

¿Tabaja él?
Sí, él trabaja.

¿Baila él?
No, él no baila.

¿Cantan ellos?
Sí, ellas cantan.

¿Nadan ellos?
No, ellos no nadan.

¿Hablan ustedes español?
Sí, nosotros hablamos español.

¿Hablan ustedes italiano?
No, nosotros no hablamos italiano.

¿Cocina él?
Sí, él cocina.

¿Salta él?
No, él no salta.

¿Compra ella la blusa?
Sí, ella compra la blusa.

¿Compra ella un helado?
No, ella no compra un helado.

¿Qué es?
What is it?

Nombre _____

¿Qué es?
(What is it?)
Es **un** carro.
(It's a car.)

¿Qué es?
(What is it?)
Es **una** manzana.
(It's an apple.)

Un and **una** are **indefinite articles**. They are the equivalent of "a" or "an" in English. **Un** is used with **masculine** and **una** is used with **feminine** nouns.

Use **un** and **una** with nouns you have already learned in this book.

¿Qué es?
Es un helado.

¿Qué es?
Es una torta.

¿Qué es?
Es una fresa.

¿Qué es?
Es un refresco.

¿Qué es?
Es una escuela.

¿Qué son?
What are they?

Nombre _____

"¿Qué son?" is used to ask about more than one thing. In your answer, you will need the plural of the indefinite articles. The plural of **un** is **unos**. The plural of **una** is **unas**. Both **unos** and **unas** mean "some." Sometimes we leave out the word "some" in English, but it cannot be omitted in Spanish.

Ejemplo:

¿Qué son? (What are they?)

Son **unas** fresas. (They are (some) strawberries.)

Use **unos** or **unas** to identify some other nouns you have learned.

¿Qué son?
Son unas uvas.

¿Qué son?
Son unos helados.

¿Qué son?
Son unos refrescos.

¿Qué son?
Son unas cebollas.

¿Qué son?
Son unos chocolates.

¿Qué son?
Son unas fresas.

¿Qué?
What?

Nombre _____

Qué is the question word meaning **what**. To form a question using **qué** follow this pattern: ¿**Qué** + verb + subject? The answer to this type of question will always be an object or an activity, a noun.

ejemplo 1: ¿**Qué** compras tú? (What are you buying?)

(object)   Yo compro **una camisa.** (I'm buying a shirt.)

ejemplo 2: ¿**Qué** hace ella? (What is she doing?)

(activity)   Ella **nada.** (She's swimming.)

Use the pictures to answer the following questions in Spanish.

1. ¿Qué mira él?
   El mira la televisión.
2. ¿Qué estudias tú?
   Yo estudio español.
3. ¿Qué cantan ellos?
   Ellos cantan una canción.
4. ¿Qué lleva ella?
   Ella lleva un abrigo.
5. ¿Qué toca usted?
   Yo toco el piano.
6. ¿Qué escuchan ustedes?
   Nosotros escuchamos la radio.
7. ¿Qué compra Manuel?
   Manuel compra una corbata.
8. ¿Qué deseas tú?
   Yo deseo una manzana.
9. ¿Qué habla él?
   El habla español.
10. ¿Qué prepara Carlota?
    Ella prepara la ropa.

Las preguntas

Nombre _____

Escriba las preguntas a las respuestas siguientes.
(Write the questions using **qué**.)

1. ¿Qué te gusta?
   Me gusta el helado.
2. ¿Qué habla él?
   Él habla inglés.
3. ¿Qué llevas tú?
   Yo llevo pantalones.
4. ¿Qué tocan ustedes?
   Nosotros tocamos el piano.
5. ¿Qué estudias tú?
   Yo estudio historia.
6. ¿Qué visitan ustedes?
   Nosotros visitamos México.
7. ¿Qué escucha él?
   Él escucha la radio.
8. ¿Qué cantan ellos?
   Ellos cantan la canción.
9. ¿Qué miras tú?
   Yo miro la televisión.
10. ¿Qué contestan ellas?
    Ellas contestan la pregunta.
11. ¿Qué te gusta?
    Me gusta el español.
12. ¿Qué estudia ella?
    Ella estudia matemáticas.
13. ¿Qué compran ustedes?
    Nosotros compramos uvas.

Los adjetivos
Adjectives

Nombre _____

An **adjective** is a word that describes a noun. In Spanish **all nouns have gender**. They are either masculine or feminine. Each adjective **must agree** with the **gender** of the noun it describes. So adjectives in Spanish have both masculine and feminine forms. Use the form that agrees with the gender of the noun.

For adjectives ending in **-o** in the masculine form, change the **-o** to **-a** to get the feminine form.

ejemplos: (m) alto > (f) alta (tall)   bajo > baja (short)

bonito > bonita (pretty)   aburrido > aburrida (boring)

Write the feminine forms of each adjective.

1. delgado (thin) delgada
2. gordo (fat) gorda
3. moreno (dark-haired) morena
4. rubio (blond) rubia
5. guapo (good-looking) guapa
6. feo (ugly) fea
7. pequeño (small) pequeña
8. simpático (nice) simpática
9. antipático (not nice, mean) antipática

---

113   1-56822-198-3 • Spanish

Los adjetivos

Most adjectives ending in -e or a **consanant** remain the same for both masculine and feminine forms.

ejemplos: fácil > fácil (easy)   inteligente > inteligente (smart)

Several adjectives of this type are . . .

excelente = excellent		**paciente** = patient
grande = big		**impaciente** = impatient
difícil = difficult		**interesante** = interesting
independiente = independent		**inocente** = innocent

Note: Adjectives generally come **after** the nouns they describe in Spanish.

ejemplos: an easy test = un examen **fácil**   a tall girl = una chica **alta**

Fill in the blanks with the correct form of the underlined adjective in each phrase. **Remember**–Some adjectives change form because of gender.

1. a <u>smart</u> man = un hombre _inteligente_
2. a <u>pretty</u> woman = una mujer _bonita_
3. a <u>big</u> car = un carro _grande_
4. a <u>thin</u> book = un libro _delgado_
5. a <u>dark-haired</u> girl = una chica _morena_
6. an <u>innocent</u> baby = un niño _inocente_
7. a <u>patient</u> mother = una madre _paciente_
8. an <u>independent</u> country = un país _independiente_
9. a <u>short</u> boy = un chico _bajo_
10. a <u>blond</u> teacher = una maestra _rubia_
11. an <u>ugly</u> monster = un monstruo _feo_
12. an <u>interesting</u> class = una clase _interesante_
13. an <u>excellent</u> movie = un cine _excelente_
14. a <u>difficult</u> test = un examen _difícil_
15. a <u>big</u> house = una casa _grande_
16. a <u>fat</u> frog = un rana _gorda_

Los adjetivos

Adjectives in Spanish must agree in **number** as well as **gender**. That is, if the noun is singular, then the adjective describing it must also be singular. If the noun is plural, then the adjective must also be plural.

To make an adjective plural . . .

1. add **-s** if it ends in a vowel.
   ejemplo: alto > altos

2. add **-es** if it ends in a consonant.
   ejemplo: fácil > fáciles

Most adjectives have four forms:

	singular	plural
masculine	alto	altos
feminine	alta	altas

If a group contains both masculine and feminine nouns, use the masculine plural form.

ejemplo: Los chicos y las chicas son alt**os**.
(The boys and the girls are tall.)

Fill in the blanks with the correct form of the underlined adjective in each phrase. **Remember**–Some adjectives change form because of gender.

1. <u>small</u> girls = las chicas _pequeñas_
2. <u>interesting</u> books = los libros _interesantes_
3. <u>thin</u> men = los hombres _delgados_
4. <u>innocent</u> people = las personas _inocentes_
5. <u>difficult</u> tests = los exámenes _difíciles_
6. <u>boring</u> classes = las clases _aburridas_
7. <u>pretty</u> women = las mujeres _bonitas_
8. <u>excellent</u> teachers = los maestros _excelentes_
9. <u>ugly</u> houses = las casas _feas_
10. <u>big</u> meals = las comidas _abundantes_
11. <u>nice</u> boys = los chicos _simpáticos_
12. <u>impatient</u> fathers = los padres _impacientes_

Práctica con adjetivos

Escriba la forma correcta de los adjetivos.

1. (big) una casa _grande_
2. (short) un hombre _bajo_
3. (blond) una chica _rubia_
4. (dark-haired) unos hombres _morenos_
5. (small) una clase _pequeña_
6. (excellent) un libro _excelente_
7. (pretty) unas chicas _bonitas_
8. (boring) un maestro _aburrido_
9. (fat) unos cerdos _gordos_
10. (mean) unos monos _antipáticos_
11. (ugly) un monstruo _feo_
12. (tall) un elefante _alto_
13. (thin) un chico _delgado_
14. (nice) una chica _simpática_
15. (easy) unos exámenes _fáciles_
16. (difficult) un problema _difícil_
17. (innocent) unos estudiantes _inocentes_
18. (good-looking) unos chicos _guapos_
19. (patient) una tortuga _paciente_
20. (smart) un conejo _inteligente_
21. (big) unos áboles _grandes_
22. (nice) un maestro _simpático_
23. (tall) unas chicas _altas_
24. (blond) un hombre _rubio_

Ser
To be

The verb **ser** (to be) is used with adjectives to describe people or things. **Ser** does not follow a regular pattern like the **-ar** verbs. It is an irregular verb.

Ser			
yo	soy	nosotros/as	somos
tú	eres		
usted	} es	ustedes	} son
él		ellos	
ella		ellas	

Conjugate the verb **ser** with the adjective **alto** (tall).

1. Yo _soy_ _alto/a_ .
2. Tú (f) _eres_ _alta_
3. Usted (m) _es_ _alto_
4. Él _es_ _alto_
5. Ella _es_ _alta_
6. Nosotros _somos altos_
7. Nosotras _somos altas_
8. Ustedes (m) _son altos_
9. Ellos _son altos_
10. Ellas _son altas_

Conjugate the verb **ser** with the following adjectives.

bajo (short)
1. Yo _soy_ _bajo/a_
2. Tú (m) _eres_ _bajo_
3. Ella _es_ _baja_
4. Nosotros _somos bajos_
5. Ellos _son bajos_
6. Ustedes (f) _son bajas_

inteligente (intelligent)
1. Tú _eres inteligente_
2. Ellas _son inteligentes_
3. Nosotros _somos inteligentes_
4. Yo _soy inteligente_
5. Ustedes _son inteligentes_
6. Él _es inteligente_
7. Ellos _son inteligentes_
8. Usted _es inteligente_

Ser

Nombre _____

Use the adjectives to describe the people and things listed. All adjectives are given in the masculine singular form. Be sure to make them agree!

1. Mónica – rico, simpático
   Mónica es rica y simpática.

2. Roberto – inocente, alto
   Roberto es inocente y alto.

3. Ana y María – paciente, rubio
   Ana y María son pacientes y rubias.

4. Marcos y Pablo – feo, impaciente
   Marcos y Pablo son feos e impacientes.

5. Pedro y Rosita – bajo, moreno
   Pedro y Rosita son bajos y morenos.

6. Los libros – fácil, interesante
   Los libros son fáciles e interesantes.

7. Nosotros – delgado, guapo
   Nosotros somos delgados y guapos.

8. Yo – alto, simpático
   Yo soy alto/a y simpático/a.

9. La comida – excelente, grande
   La comida es excelente y abundante

10. Las casas – bonito, pequeño
    Las casas son bonitas y pequeñas.

Las preguntas con ser

Nombre _____

Conteste las preguntas. No se olvide del acuerdo de los adjetivos.
(Answer the questions. Don't forget the agreement of the adjectives.)
Use the pictures as clues for your answers.

ejemplo: ¿Es Mario rico?
   Sí, él es rico.

¿Es Eduardo estúpido?
No, él no es estúpido.
(inteligente) Él es inteligente.

1. ¿Es la maestra estricta?
   Sí, ella es estricta.

2. ¿Eres tú bajo?
   No, yo no soy bajo.
   (alto) *Yo soy alto.*

3. ¿Son los monos cómicos?
   Sí, ellos son cómicos.

4. ¿Son ustedes pacientes?
   Sí, nosotros somos pacientes.

5. ¿Es Pepita morena?
   No, ella no es morena.
   (rubio) *Ella es rubia.*

6. ¿Es el libro interesante?
   No, él no es interesante.
   (aburrido) *Él es aburrido.*

7. Es Alberto muy gordo?
   Sí, él es muy gordo.

8. ¿Es Juana simpática?
   No, ella no es simpática.
   (antipática) *Ella es antipática*

Ser con las profesiones

Nombre _____

Indefinite articles (un, una) are not used with the professions after the verb **ser** unless they are modified by an adjective.

ejemplos: Gloria es cantante. (Gloria is a singer.)
   Gloria es **una** buena cantante. (Gloria is a good singer.)

Fill in the blanks with the correct form of **ser** and the indicated professions.

1. Yo *soy artista* .
   (artist)
2. Manuel *es mecánico* .
   (mechanic)
3. Nosotros *somos periodistas* .
   (journalist)
4. Anita *es enfermera* .
   (nurse)
5. El Señor Gonzáles *es músico* .
   (musician)
6. Whitney Houston *es cantante* .
   (singer)
7. Mark Twain *es escritor* .
   (writer)
8. Mi mamá *es secretaria* .
   (secretary)
9. Mi papá *es piloto* .
   (pilot)
10. Usted *es cocinero* .
    (cook)
11. Patricia *es dentista* .
    (dentist)
12. Tú *eres fotógrafa/o* .
    (photographer)
13. Ellos *son abogados* .
    (lawyer)
14. José *es bailarín* .
    (dancer)
15. Ella *es maestra/o* .
    (teacher)

La hora
The Time

Nombre _____

To answer ¿Qué hora es? (What is the time?) follow the patterns below. Write the times as indicated.

Es la una.
Es la una.

Son las dos.
Son las dos.

Es medianoche.
Es medianoche.

Es mediodía.
Es mediodía.

Son las cinco y cinco.
Son las cinco y cinco.

Son las ocho y cuarto.
Son las ocho y cuarto.

La hora

Nombre _____

Escriba las horas de los relojes.(Write the times shown on the clocks.)

Son las diez y veinticinco.
Son las once y veinticinco.

Son las nueve y media.
Son las nueve y media.

Son las diez menos veinte.
Son las diez menos veinte.

Son las diez menos cuarto.
Son las diez menos cuarto.

Son las diez menos diez.
Son las diez menos diez

Son las diez menos cinco.
Son las diez menos cinco.

La hora

Nombre _____

Escriba las horas de los relojes.

Son las seis.

Son las once y cuarto.

Es la una y media.

Son las ... menos cuarto.

Son las siete y veinte.

Son las cuatro menos cinco.

Son las ocho y veinticinco.

Page 54

La hora

Nombre _____

A is used to tell **at** what time something will take place.

ejemplos: ¿A qué hora es la clase de español? (At what time is the Spanish class?)
La class es **a** las ocho. (The class is **at** eight o'clock.)

To be more specific about the time use . . .

de la mañana = in the morning/a.m.
de la tarde = in the afternoon/p.m.
de la noche = in the evening/p.m.

Mire el horario y
conteste las preguntas.
(Look at the schedule
and answer the questions.)
Be sure to include a.m. or p.m.

1. ¿A qué hora es la clase de inglés?
La clase es a las nueve de la mañana.

2. ¿A qué hora es el almuerzo?
El almuerzo es a las once y veinte de la mañana.

3. ¿A qué hora es la clase de geografía?
La clase es a las diez y veinte de la mañana.

4. ¿A qué hora es la clase de arte?
La clase es a las doce y media de la tarde.

5. ¿A qué hora es el recreo?
El recreo es a las diez de la mañana.

6. ¿A qué hora es la clase de matemáticas?
La clase es a la una y media de la tarde.

7. ¿A qué hora es la clase de historia?
La clase es a las ocho de la mañana.

8. ¿A qué hora terminan las clases?
Las clases terminan a las dos y veinticinco de tarde.

Page 55

Tener
To have

Nombre _____

Tener (to have) is an important
irregular verb.

Tener is usually followed by a noun.
ejemplo: Yo **tengo** un radio.

Tener		
yo **tengo**	nosotros/as **tenemos**	
tú **tienes**		
usted él } **tiene** ella	ustedes ellos } **tienen** ellas	

Using the pictures, tell what the following people have.

1. Marcos *tiene una guitarra.* una guitarra

2. Yo *tengo unos discos.* unos discos

3. Ana *tiene una casa.* una casa

4. Nosotros *tenemos unos libros.* unos libros

5. Ella *tiene un lápiz.* un lápiz

6. ¿ *Tiene palomitas* usted? las palomitas

7. Ellos *tienen unos perros.* unos perros

8. ¿ *Tienen papel* ustedes? un papel

9. Tú *tienes una bicicleta.* una bicicleta

10. Nosotras *tenemos unas manzanas.* unas manzanas

11. Ellas *tienen unos zapatos* unos zapatos

12. El señor *tiene un carro.* un carro

Page 56

© Carson-Dellosa   116   1-56822-198-3 • Spanish

En casa
At home

Nombre _____

Escriba las palabras en español.

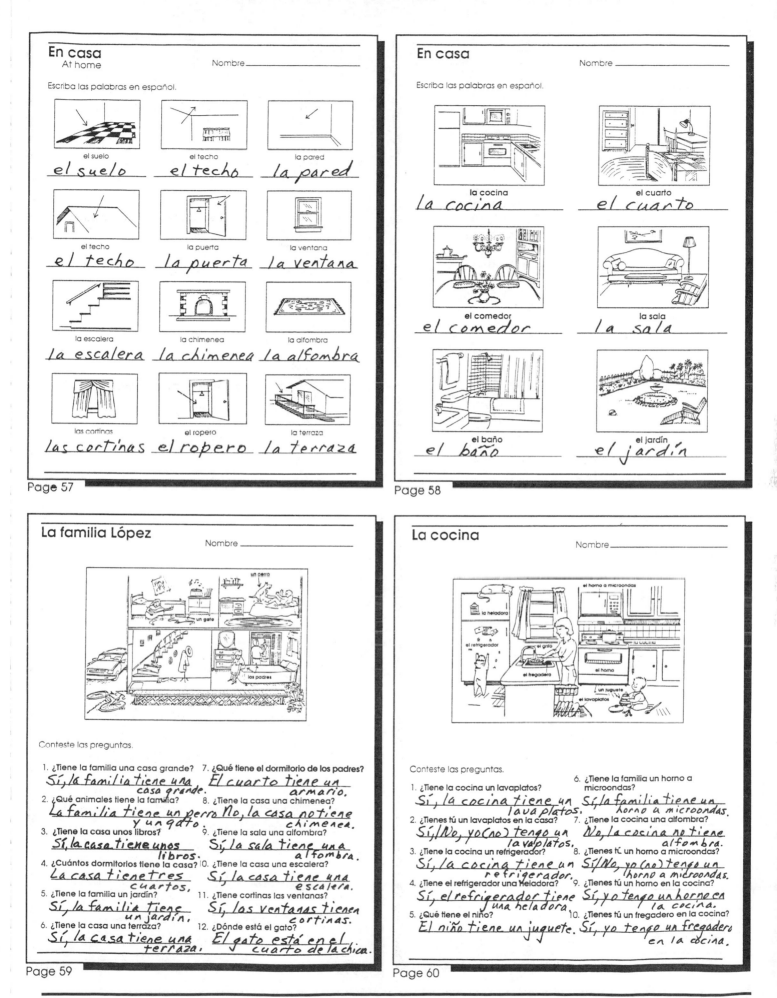

el suelo	el techo	la pared
el suelo	*el techo*	*la pared*
el techo	la puerta	la ventana
el techo	*la puerta*	*la ventana*
la escalera	la chimenea	la alfombra
la escalera	*la chimenea*	*la alfombra*
las cortinas	el ropero	la terraza
las cortinas	*el ropero*	*la terraza*

Page 57

En casa

Nombre _____

Escriba las palabras en español.

la cocina	el cuarto
la cocina	*el cuarto*
el comedor	la sala
el comedor	*la sala*
el baño	el jardín
el baño	*el jardín*

Page 58

La familia López

Nombre _____

Conteste las preguntas.

1. ¿Tiene la familia una casa grande?
Sí, la familia tiene una casa grande.

2. ¿Qué animales tiene la familia?
La familia tiene un perro y un gato.

3. ¿Tiene la casa unos libros?
Sí, la casa tiene unos libros.

4. ¿Cuántos dormitorios tiene la casa?
La casa tiene tres cuartos.

5. ¿Tiene la familia un jardín?
Sí, la familia tiene un jardín.

6. ¿Tiene la casa una terraza?
Sí, la casa tiene una terraza.

7. ¿Qué tiene el dormitorio de los padres?
El cuarto tiene un armario.

8. ¿Tiene la casa una chimenea?
No, la casa no tiene chimenea.

9. ¿Tiene la sala una alfombra?
Sí, la sala tiene una alfombra.

10. ¿Tiene la casa una escalera?
Sí, la casa tiene una escalera.

11. ¿Tienen cortinas las ventanas?
Sí, las ventanas tienen cortinas.

12. ¿Dónde está el gato?
El gato está en el cuarto de la chica.

Page 59

La cocina

Nombre _____

Conteste las preguntas.

1. ¿Tiene la cocina un lavaplatos?
Sí, la cocina tiene un lavaplatos.

2. ¿Tienes tú un lavaplatos en la casa?
Sí/No, yo (no) tengo un lavaplatos.

3. ¿Tiene la cocina un refrigerador?
Sí, la cocina tiene un refrigerador.

4. ¿Tiene el refrigerador una heladora?
Sí, el refrigerador tiene una heladora.

5. ¿Qué tiene el niño?
El niño tiene un juguete.

6. ¿Tiene la familia un horno a microondas?
Sí, la familia tiene un horno a microondas.

7. ¿Tiene la cocina una alfombra?
No, la cocina no tiene alfombra.

8. ¿Tienes tú un horno a microondas?
Sí/No, yo (no) tengo un horno a microondas.

9. ¿Tienes tú un horno en la cocina?
Sí, yo tengo un horno en la cocina.

10. ¿Tienes tú un fregadero en la cocina?
Sí, yo tengo un fregadero en la cocina.

Page 60

117

1-56822-198-3 • Spanish

La eded
Age

Nombre_____

The verb **tener** is used to talk about age.

¿Cuántos años tienes tú? (How old are you?)

Yo tengo catorce años. (I'm 14 years old.)

Ask how old the subjects are in parenthesis and respond using the numbers indicated. Use the pattern: **subject + tener + number + años**

ejemplos: (ella) ¿Cuántos años tiene ella?

(30) Ella tiene treinta años.

1. (tú) ¿Cuántos años tienes tú?
   (15) Yo tengo quince años.
2. (ustedes) ¿Cuántos años tienen ustedes?
   (10) Nosotros tenemos diez años.
3. (él) ¿Cuántos años tiene él?
   (21) El tiene veintiún años.
4. (usted) ¿Cuántos años tiene usted?
   (80) Yo tengo ochenta años.
5. (Mónica) ¿Cuántos años tiene, Mónica?
   (13) Ella tiene trece años.
6. (el niño) ¿Cuántos años tiene el niño?
   (1) El tiene un año.
7. (tú) ¿Cuántos años tienes tú?
   (4) Yo tengo cuatro años.
8. (ellas) ¿Cuántos años tienen ellas?
   (18) Ellas tienen dieciocho años.
9. (la Señora Arias) ¿Cuántos años tiene la Señora Arias?
   (95) Ella tiene noventa y cinco años.
10. (Ángela y David) ¿Cuántos años tienen Ángela y David?
    (40) Ellos tienen cuarenta años.

Page 61

Hambre y sed
Hunger and Thirst

Nombre_____

The verb **tener** is also used when you are talking about **hunger** and **thirst**.

tener hambre = to be hungry
Yo tengo hambre. = I am hungry.
tener sed = to be thirsty
Él tiene sed. = He is thirsty.

State that the following people are hungry or thirsty as indicated.

1. Nosotros/hambre
   Nosotros tenemos hambre.
2. Ellos/sed
   Ellos tienen sed.
3. Tú/hambre
   Tú tienes hambre
4. Ella/sed
   Ella tiene sed.
5. Ustedes/hambre
   Ustedes tienen hambre.

Conteste las preguntas.

1. ¿Tiene Jaime sed?
   Sí, él tiene sed.
2. ¿Tienes tú hambre?
   Sí, yo tengo hambre.
3. ¿Tiene el señor mucha hambre?
   Sí, él tiene mucha hambre.
4. ¿Tienen ustedes mucha sed?
   No, nosotros no tenemos mucha sed.
5. ¿Tiene Gloria sed?
   No, ella no tiene sed.
6. ¿Tiene usted mucha sed?
   Sí, yo tengo mucha sed.
7. ¿Tienen los chicos hambre?
   No, ellos no tienen hambre.

Page 62

Calor y frío
Hot and Cold

Nombre_____

Another set of expressions using **tener** are:

tener calor = to be hot/to feel hot
tener frío = to be cold/to feel cold

Tell how the following people would feel according to the temperature.

1. yo/90°F
   Yo tengo calor.
2. ella/10°F
   Ella tiene frío.
3. nosotros/40°F
   Nosotros tenemos frío.
4. tú/86°F
   Tú tienes calor.
5. ustedes/0°F
   Ustedes tienen frío.

Tell how the following people feel based on how they are dressed.

1. Manuel lleva un abrigo.
   El tiene frío.
2. La Señora Reyes lleva un traje de baño.
   Ella tiene calor.
3. Yo llevo un suéter y pantalones.
   Tú tienes frío.
4. Usted lleva pantalones cortos y una camiseta.
   Yo tengo calor.

Note: In Spanish-speaking countries the Celsius temperature is used.

Can you tell how these people feel using the centigrade thermometer?

1. Ellas/5°C
   Ellas tienen frío.
2. Él/30°C
   El tiene calor.

Page 63

Los adjetivos posesivos
Possessive Adjectives

Nombre_____

One way to indicate possession is to use a noun followed by **de** and the owner's name. (There are **no** apostrophes in Spanish.)

la casa **de** José = José's house
el libro **de** Ana = Ana's book

Nota: de + el = del

la silla **del** maestro = the teacher's chair

Tell to whom the following items belong.

1. bedroom/Julia el dormitorio de Julia
2. books/Javier los libros de Javier
3. bicycle/the boy la bicicleta del chico
4. apartment/Mr. Ríos el apartamento del Sr. Ríos
5. pencil/the girl el lápiz de la chica
6. dog/the Sánchez family el perro de la familia Sánchez

Another way to indicate possession is to use possessive adjectives: my, your, his, her, etc.

	Singular	Plural
my	mi	mis
your (familiar)	tu	tus
your (formal and plural)	su	sus
his, her	su	sus
their	su	sus
our (masculine)	nuestro	nuestros
our (feminine)	nuestra	nuestras

Like other adjectives, a possessive adjective must agree in gender and number with the noun it modifies. (Note that **nuestro** agrees with the **noun** it modifies not with the **owner**.)

ejemplos:
mi libro = my book
mis libros = my books

nuestro perro = our dog
nuestra casa = our house

nuestros hermanos = our brothers
nuestras hermanas = our sisters

Page 64

1-56822-198-3 • Spanish

La práctica

Tell that the following items belong to you.

Es mi perro.   Es mi guitarra.   Son mis libros.

Tell that the following items belong to your brother.

Es su bicicleta.   Es su radio.   Son sus bolígrafos.

Tell that the following items belong to both of you.

Es nuestra casa.   Son nuestros gatos.   Es nuestro carro.

Tell that the following items belong to your friends.

Son sus pájaros.   Son sus discos.   Es su piscina.

La curiosidad
Curiosity

You and a new friend are walking to school. Your friend asks you questions about everything he sees. Answer his questions as indicated.

ejemplos: ¿Es la casa de Manolo?
Sí, es su casa.

¿Es la casa de Susana?
No, no es su casa.

1. ¿Es la hermana de Jorge?
Sí, es su hermana.

2. ¿Es el gato del Señor Iglesias?
No, no es su gato.

3. ¿Son los hermanos de Anita?
Sí, son sus hermanos.

4. ¿Son los padres de Felipe?
No, no son sus padres.

5. ¿Es el carro de ustedes?
Sí, es nuestro carro.

6. ¿Es el autobús de nosotros?
No, no es nuestro autobús.

7. ¿Son los libros de Juan y Paco?
Sí, son sus libros.

8. ¿Es la clase de la Señora Arrisueño?
No, no es su clase.

9. ¿Son las sillas de las chicas?
Sí, son sus sillas.

10. ¿Es mi escuela?
Sí, es tu escuela.

11. ¿Son los maestros de nuestra escuela?
Sí, son nuestros maestros.

12. ¿Es la escuela de tu hermano?
No, no es su escuela.

Estar
To be

You have already learned the verb **ser** (to be). In Spanish there is another verb (**estar**) which also means "to be."

Estar			
yo	estoy	nosotros/as	estamos
tu	estás		
usted		ustedes	
él }	está	ellos }	están
ella		ellas	

Ser and **estar** are not interchangeable. **Ser** is used to **identify** or **describe**. It tells **what** something is, its **basic characteristics**, or its **origin**.

ejemplos: Manuel **es** maestro. (identifies Manuel as a teacher)
Manuel **es** alto. (describes Manuel)
Manuel **es** de California. (tells where Manuel is from)

Estar is used to tell the **location** of something or how someone **feels**.

ejemplos: Manuel **está** en la casa. (tells where Manuel is)
Manuel **está** triste. (tells how Manuel feels)

Fill in the blanks with the correct forms of **estar**.

1. Nosotros _estamos_ en Nueva York.
2. Ellos _están_ tristes.
3. Yo no _estoy_ listo. (ready)
4. ¿_Estás_ tú contento? (happy)
5. Susana _está_ en la escuela hoy.

Decide whether to use **ser** or **estar** and fill in the blanks with the correct forms.

1. Ella _es_ de Florida.
2. Nosotros _somos_ intelegentes.
3. Miguel y Ana _están_ en la playa.
4. Yo _estoy_ en España.
5. Tú no _estás_ contenta.

¿Dónde estás?
Where are you?

The phrases below can be used to answer the question "¿Dónde?". Escribe en español.

en el campo
en el campo

en la ciudad
en la ciudad

en la escuela
en la escuela

en el restaurante
en el restaurante

en la playa
en la playa

en el aeropuerto
en el aeropuerto

¿Dónde?

Nombre _____

Escriba los frases en español.

en la piscina
en la piscina

en la casa
en la casa

en el cine
en el cine

en la oficina
en la oficina

en el teatro
en el teatro

en los Estados Unidos
en los Estados Unidos

¿Dónde está?
Where is it?

Nombre _____

Expressions of location are used with the verb **estar**.

ejemplo: Está cerca de María.

Escriba en español.

cerca de (near)
cerca de

lejos de (far from)
lejos de

encima de (on top of)
encima de

debajo de (under)
debajo de

adentro de (inside of)
adentro de

afuera de (outside of)
afuera de

¿Dónde está?

Nombre _____

a la derecha de (to the right of)
a la derecha de

a la izquierda de (to the left of)
a la izquierda de

delante de (in front of)
delante de

detrás de (behind/in back of)
detrás de

en (in)
en

sobre (above)
sobre

al lado de (beside/next to)
al lado de

entre (between)
entre

¿Dónde está?

Nombre _____

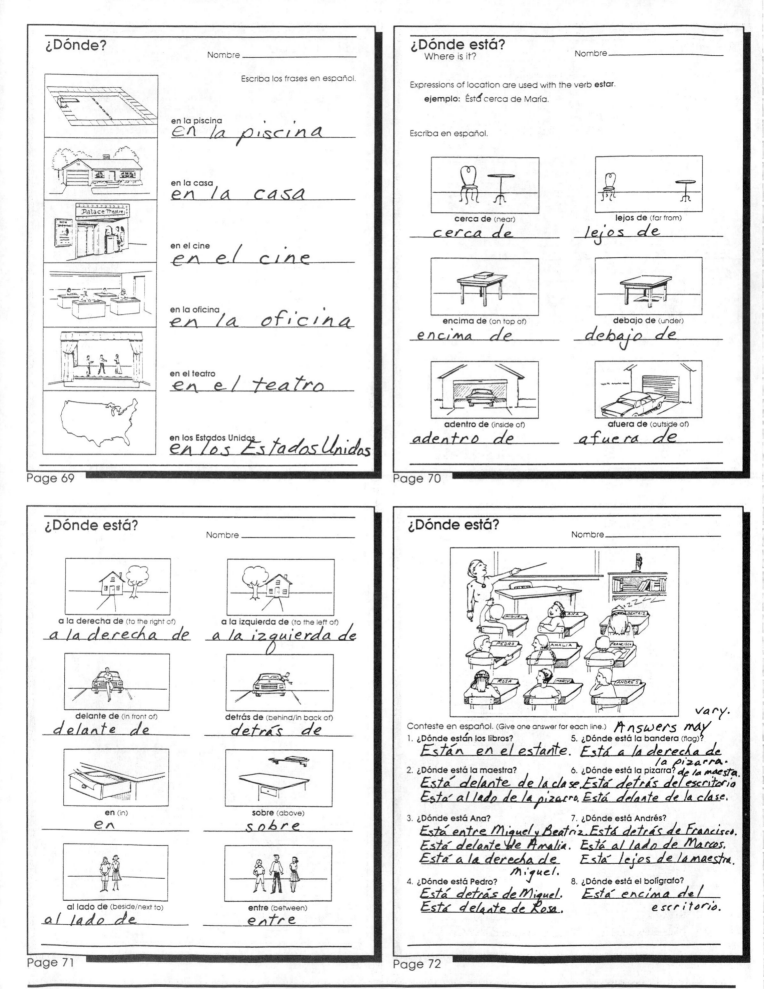

Conteste en español. (Give one answer for each line.) *Answers may vary.*

1. ¿Dónde están los libros?
Están en el estante.

2. ¿Dónde está la maestra?
Está delante de la clase.
Está al lado de la pizarra.

3. ¿Dónde está Ana?
Está entre Miguel y Beatriz.
Está delante de Amalia.
Está a la derecha de Miguel.

4. ¿Dónde está Pedro?
Está detrás de Miguel.
Está delante de Rosa.

5. ¿Dónde está la bandera (flag)?
Está a la derecha de la pizarra.

6. ¿Dónde está la pizarra? *de la maesta.*
Está detrás del escritorio.
Está delante de la clase.

7. ¿Dónde está Andrés?
Está detrás de Francisco.
Está al lado de Marcos.
Está lejos de la maestra.

8. ¿Dónde está el bolígrafo?
Está encima del escritorio.

1-56822-198-3 • Spanish

¿Dónde?

Answer the questions according to the pictures.

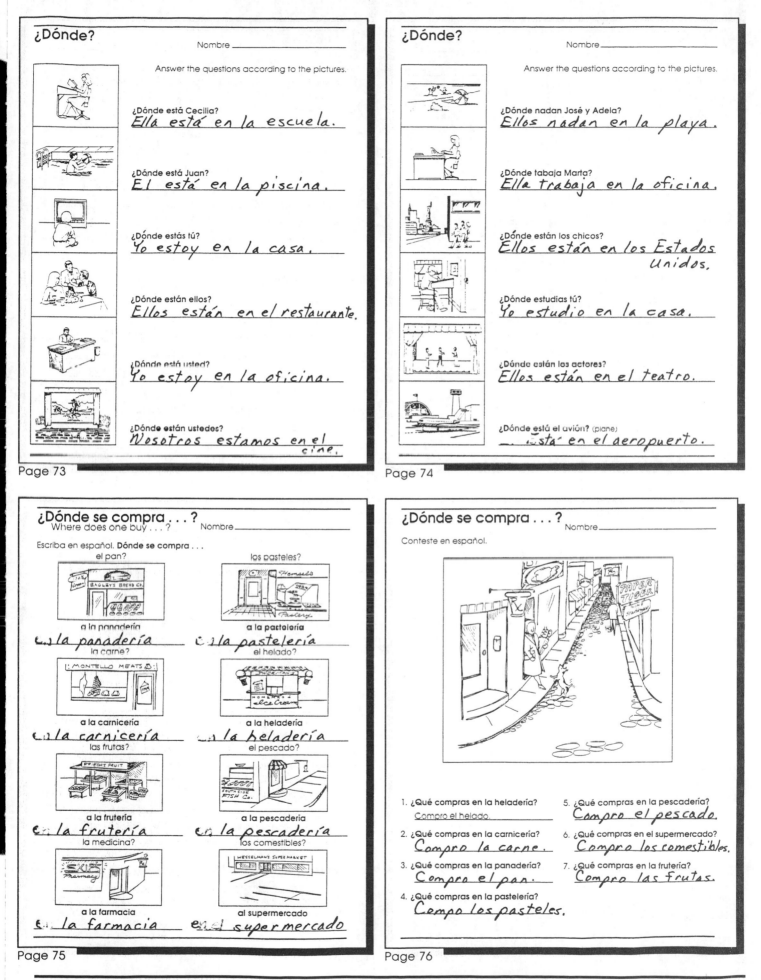

¿Dónde está Cecilia?
Ella está en la escuela.

¿Dónde está Juan?
El está en la piscina.

¿Dónde estás tú?
Yo estoy en la casa.

¿Dónde están ellos?
Ellos están en el restaurante.

¿Dónde está usted?
Yo estoy en la oficina.

¿Dónde están ustedes?
Nosotros estamos en el cine.

Page 73

¿Dónde?

Nombre _____

Answer the questions according to the pictures.

¿Dónde nadan José y Adela?
Ellos nadan en la playa.

¿Dónde tabaja Marta?
Ella trabaja en la oficina.

¿Dónde están los chicos?
Ellos están en los Estados Unidos.

¿Dónde estudias tú?
Yo estudio en la casa.

¿Dónde están los actores?
Ellos están en el teatro.

¿Dónde está el avión? (plane)
... está en el aeropuerto.

Page 74

¿Dónde se compra . . . ?
Where does one buy . . . ?   Nombre _____

Escriba en español. **Dónde se compra . . .**

el pan?
a la panadería
en la panadería

los pasteles?
a la pastelería
en la pastelería

la carne?
a la carnicería
en la carnicería

el helado?
a la heladería
en la heladería

las frutas?
a la frutería
en la frutería

el pescado?
a la pescadería
en la pescadería

la medicina?
a la farmacia
en la farmacia

los comestibles?
al supermercado
en el supermercado

Page 75

¿Dónde se compra . . . ?
Nombre _____

Conteste en español.

1. ¿Qué compras en la heladería?
   Compro el helado.

2. ¿Qué compras en la carnicería?
   Compro la carne.

3. ¿Qué compras en la panadería?
   Compro el pan.

4. ¿Qué compras en la pastelería?
   Compo los pasteles.

5. ¿Qué compras en la pescadería?
   Compro el pescado.

6. ¿Qué compras en el supermercado?
   Compro los comestibles.

7. ¿Qué compras en la frutería?
   Compro las frutas.

Page 76

Ir
To go

Ir (to go) is an irregular verb.

Ir is usually followed by **a** (to). Note that when **a** is followed by **el** (the), the two combine to form **al. A** combines with ¿**dónde**? (**adónde**?) to ask where someone is going.

Ir			
yo	**voy**	nosotros/as	**vamos**
tú	**vas**		
usted		ustedes	
él }	**va**	ellos }	**van**
ella		ellas	

Some places you might go are . . .

		la escuela	= the school
la biblioteca	= the library	el parque	= the park
el café	= the café	el hotel	= the hotel
el museo	= the museum	la estación	= the train station

Answer the following questions using **ir a** and the place in the picture.

1. ¿Adónde vas tú?
   Yo voy a la escuela.
2. ¿Adónde va Rosita?
   Ella va al parque.
3. ¿Adónde van Juan y Carlos?
   Ellos van a la playa.
4. ¿Adónde van ustedes?
   Nosotros vamos a la estación.
5. ¿Adónde van los turistas?
   Ellos van al hotel.
6. ¿Adónde va usted?
   Yo voy al café.
7. ¿Adónde va Fernando?
   El va al aeropuerto.
8. ¿Adónde va Carlota?
   Ella va al cine.

Ir

Ir is followed by **a** + an infinitive to tell what is going to happen in the future.

ejemplo: Yo **voy a viajar** a mañana. (I'm going to travel tomorrow.)

Tell what the following people are going to do tomorrow by combining the given elements.

ejemplo: Adán/trabajar
Adán va a trabajar mañana.

1. Lola/cantar _Lola va a cantar mañana._
2. Christina y Ana/bailar _Christina y Ana van a bailar mañana._
3. Los chicos/estudiar _Los chicos van a estudiar mañana._
4. Yo/caminar _Yo voy a caminar mañana._
5. Nosotros/contestar _Nosotros vamos a contestar mañana._
6. Las hermanas/visitar _Las hermanas van a visitar mañana._
7. Manuel/trabajar _Manuel va a trabajar mañana._

If you make a sentence with two verbs negative, be sure to put **no** before the first verb.

ejemplo: No, yo **no** voy a cantar. (No, I'm not going to sing.)

Conteste las preguntas en español.

1. ¿Vas a estudiar tú mañana? Sí, _yo voy a estudiar mañana._
2. ¿Van a llorar las chicas? Sí, _ellas van a llorar._
3. ¿Van a hablar ustedes en clase? No, _nosotros no vamos a hablar en clase._
4. ¿Va a escuchar ella? Sí, _ella va a escuchar televisión._
5. ¿Va a mirar la televisión él? No, _él no va a mirar la._
6. ¿Va a comprar ropa usted? No, _yo no voy a comprar ropa._
7. ¿Vas a nadar tú mañana? Sí, _yo voy a nadar mañana._

Vamos a . . .
Let's go to . . .

To indicate location use the preposition **a** meaning "at" or "to".

Ella va **a** California.
(She's going to California.)

Voy **a** las montañas.
(I'm going to the mountains.)

Note: When **a** is followed by the definite article **el**, they combine to form the contraction **al**.

ejemplos: **al cine** = at/to the movies
a la oficina = at/to the office
a los restaurantes = at/to the restaurants

a + el = al	a + los = a los
a + la = a la	a + las = a las

Escribe adónde van las personas.

1. Anita va _a la piscina._
   (swimming pool)
2. Marcos va _al café._
   (café)
3. Nosotros vamos _a la casa._
   (house)
4. Los chicos van _al concierto._
   (concert)
5. Yo voy _a la biblioteca._
   (library)
6. Ellas van _al teatro._
   (theater)
7. Tú vas _al campo._
   (country)
8. Ustedes van _al banco._
   (bank)

Verbos que terminan en –ir
Verbs that end in -ir

Verbs that end in -**ir** follow a regular pattern. It is the same as the pattern for -**er** verbs except for the **nosotros** form.

yo	-o	nosotros/as	-imos
tú	-es		
usted		ustedes	
él }	-e	ellos }	-en
ella		ellas	

Verbs that follow this pattern are . . .

escribir = to write
asistir (a) = to attend
decidir = to decide
subir = to go up
abrir = to open
recibir = to receive
vivir = to live
cumplir años = to have a birthday

Escriba las formas correctas de los verbos entre paréntesis.

1. (decidir) Ella no _decide_ rapidamente.
2. (vivir) ¿ _Viven_ ustedes en México?
3. (abrir) El cine _abre_ a las diez.
4. (recibir) Yo _recibo_ buenos notas.
5. (asistir) Nosotros _asistimos_ a la escuela.
6. (cumplir) Eduardo _cumple_ años hoy.
7. (subir) ¿ _Subes_ tú las escaleras (steps)?
8. (escribir) Steven King _escribe_ novelas.
9. (abrir) ¿ _Abre_ usted la puerta (door)?
10. (cumplir) Ellos _cumplen_ siete años.

---

122   1-56822-198-3 • Spanish

El imperativo
The Imperative

Nombre _____

When you tell someone to do something y... the command form of a verb, the **imperative** (el imperativo).

To give a command to someone you knov... l using a regular verb, use the **tú** form of the verb minus the **-s**. As in English, the "... (tú) is understood.

ejemplos: Tú bailas. (You dance/are danc...

¡**Baila!** (Dance!)

Tell your friend to do the following thing...

Sing! ¡Canta!

Speak Spanish! ¡Habla españ...

Watch TV! ¡Mira la televis...!

Swim! ¡Nada!

Eat! ¡Come!

Listen! ¡Escucha!

Run! ¡Corre!

Answer! ¡Contesta!

To give a command to someone you ad... as **usted**, use the **yo** form of the verb. Drop the final **o** and add the opposite vo... ending. (-**ar** commands end in -**er**, -**er** commands end in -**a**).

ejemplos: Usted baila. (You dance/are ... ng.)

¡**Baile!** (Dance!)

To practice, tell your older neighbor t... the following things:

Sing! ¡Cante!

Speak Spanish! ¡Hable españ...

Watch TV! ¡Mire la televi...

Swim! ¡Nade!

...at! ¡Coma!

...sten! ¡Escuche!

...un! ¡Corra!

...nswer! ¡Conteste!

Verbos que terminan en –er
Verbs that end in -er

Nombre _____

Verbs that end in -**er** follow a regular pattern like the verbs that end in -**ar**. Take off the -**er** and add the following endings:

yo	-o	nosotros/as	-emos
tú	-es		
usted él ella }	-e	ustedes ellos ellas }	-en

Verbs that follow this pattern are . . .

comer = to eat
beber = to drink
deber = to owe
vender = to sell
creer = to believe
correr = to run
comprender = to understand
aprender = to learn
leer = to read

Escriba las formas correctas de los verbos entre paréntesis.

1. (beber) Nosotros **bebemos** Coca Cola.
2. (vender) La chica **vende** ropa.
3. (aprender) Los estudiates **aprenden**
4. (correr) David **corre** muy rápido.
5. (comprender) ¿**Comprenden** ustedes?
6. (deber) Yo **debo** cincuenta pesos.
7. (comer) ¿**Comes** tú mucho?
8. (creer) Ella no **cree** la repuesta.
9. (leer) Usted **lee** el libro.
10. (beber) Yo **bebo** café.

¿Cuándo?
When?

Nombre _____

Escriba las expresiones.

hoy (today)
hoy

mañana (tomorrow)
mañana

depués de las clases (after school)
depués de las...

durante las vacaciones (during vacation)
durante las vacaci...

esta mañana (this morning)
esta mañana

esta tarde (this afternoon)
esta tarde

esta noche (tonight)
esta noche

este fin de semana (this weekend)
...ses este fin de semana

el próximo fin de semana (next weekend)
...s el próximo fin de...

la semana próxima (next week)
la semana próxima

Write in Spanish when you will do t... llowing activities as indicated.

1. your homework
   esta tarde (this afternoon)
2. go to bed
   esta noche (tonight)
3. relax
   durante las vac...ones (during vacation)
4. go swimming
   la próxima semana (next week)
5. ride your bike
   después de las clases (after school)

6. play ball
   mañana (tomorrow)
7. visit your grandma
   este fin de semana (this weekend)
8. eat breakfast
   esta mañana (this morning)
9. go to a movie
   hoy (today)
10. take a trip
   el próximo fin de semana (next weekend)

Hacer
To do

Nombre _____

Hacer is an important irregular verb. It is used in many expressions.

It means **to do** or **to make**.

ejemplos:

¿Qué **haces** tú? (What are you doing./What do you do?)
Hago la tarea. (I'm doing homework./I do homework.)

Expressions using **hacer**:

hacer la tarea = to do homework   **hacer una fiesta** = to have a party
hacer planes = to make plans   **hacer una barbacoa** = to have a barbeque
hacer un picnic = to have a picnic   **hacer la maleta** = to pack your suitcase

Hacer			
yo	hago	nosotros/as	hacemos
tú	haces		
usted él ella }	hace	ustedes ellos ellas }	hacen

¿Qué hacen ellos?

Ellos **hacen una fiesta.**   Ella **hace la maleta.**   Manuel **hace la tarea.**

Ustedes **hacen un picnic.**   Yo **hago una barbacoa.**   Tú **haces planes.**

1-56822-198-3 • Spanish

El tiempo
The Weather

Nombre _____

Hacer is also used in some expressions to talk about the weather.

¿Qué tiempo hace? (What's the weather like?)

Escribe en español.

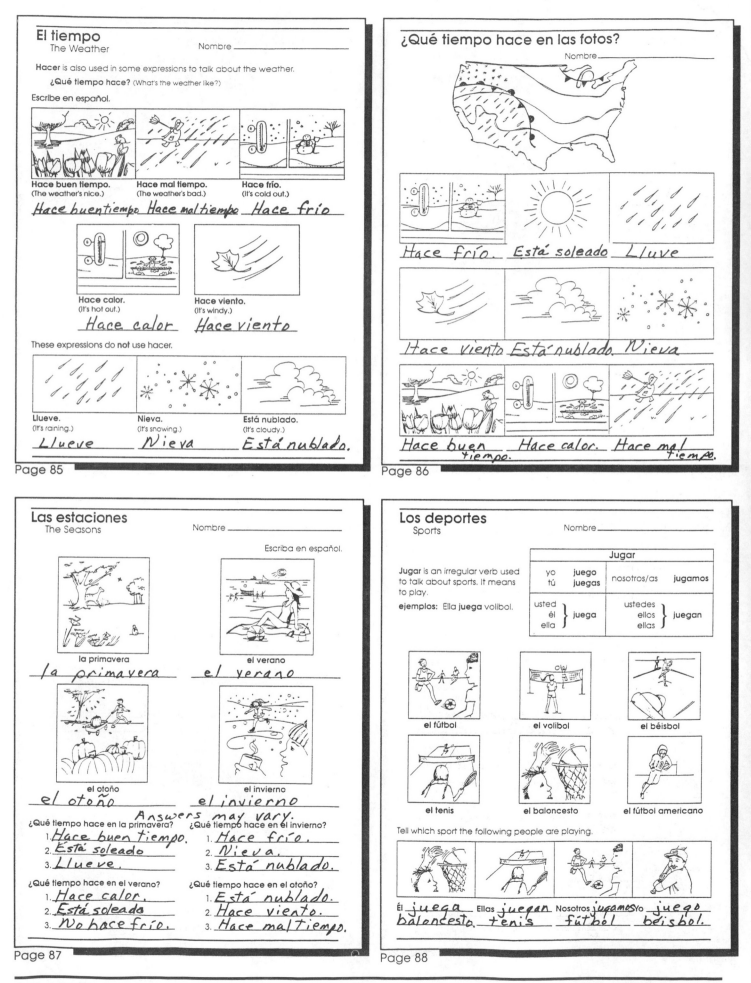

Hace buen tiempo.
(The weather's nice.)

Hace mal tiempo.
(The weather's bad.)

Hace frío.
(It's cold out.)

Hace buen tiempo   *Hace mal tiempo*   *Hace frío*

Hace calor.
(It's hot out.)

Hace viento.
(It's windy.)

Hace calor   *Hace viento*

These expressions do **not** use hacer.

Llueve.
(It's raining.)

Nieva.
(It's snowing.)

Está nublado.
(It's cloudy.)

Llueve   *Nieva*   *Está nublado.*

Page 85

¿Qué tiempo hace en las fotos?

Nombre _____

Hace frío.   *Está soleado*   *Lluve*

Hace viento   *Está nublado.*   *Nieva*

Hace buen tiempo.   *Hace calor.*   *Hace mal tiempo.*

Page 86

Las estaciones
The Seasons

Nombre _____

Escriba en español.

la primavera   el verano

la primavera   *el verano*

el otoño   el invierno

el otoño   *el invierno*

Answers may vary.

¿Qué tiempo hace en la primavera?
1. *Hace buen tiempo.*
2. *Está soleado*
3. *Llueve.*

¿Qué tiempo hace en el invierno?
1. *Hace frío.*
2. *Nieva.*
3. *Está nublado.*

¿Qué tiempo hace en el verano?
1. *Hace calor.*
2. *Está soleado*
3. *No hace frío.*

¿Qué tiempo hace en el otoño?
1. *Está nublado.*
2. *Hace viento.*
3. *Hace mal tiempo.*

Page 87

Los deportes
Sports

Nombre _____

Jugar is an irregular verb used to talk about sports. It means to play.

ejemplos: Ella **juega** volibol.

Jugar			
yo	juego	nosotros/as	jugamos
tú	juegas		
usted		ustedes	
él }	juega	ellos }	juegan
ella		ellas	

el fútbol   el volibol   el béisbol

el tenis   el baloncesto   el fútbol americano

Tell which sport the following people are playing.

Él *juega baloncesto.*   Ellas *juegan tenis.*   Nosotros *jugamos fútbol.*   Yo *juego béisbol.*

Page 88

1-56822-198-3 • Spanish

Para practicar los deportes
To Practice Sports

Nombre _____

Here are some objects we use to play various sports. Escriba en español.

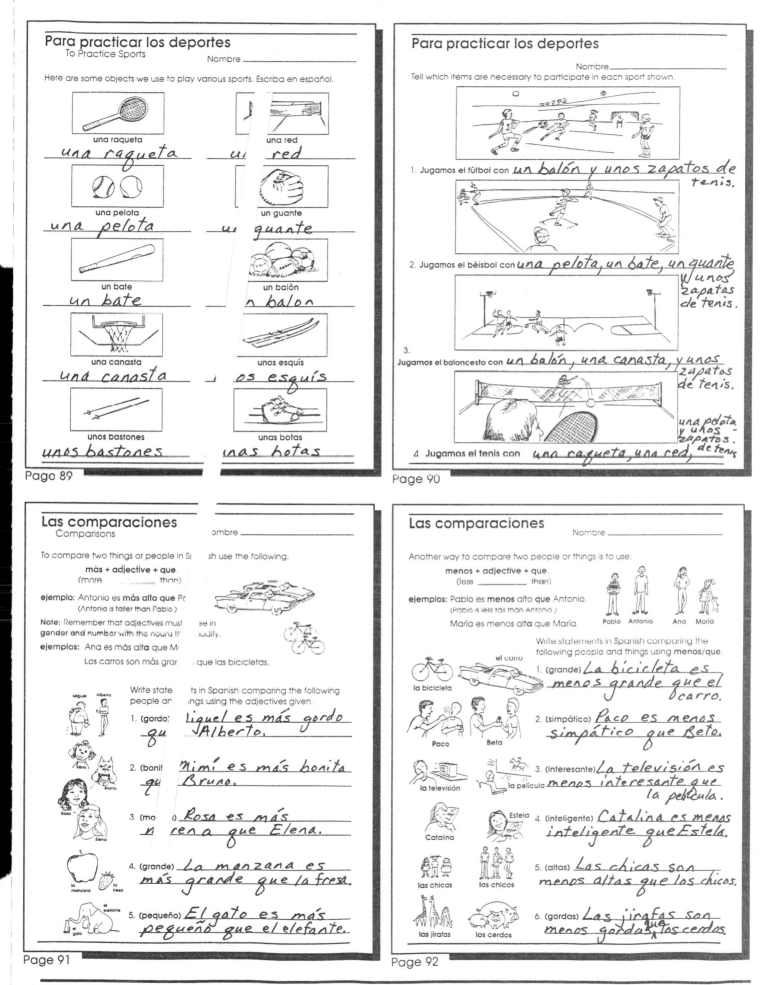

una raqueta
una raqueta

una red
una red

una pelota
una pelota

un guante
un guante

un bate
un bate

un balón
un balon

una canasta
una canasta

unos esquís
os esquis

unos bastones
unos bastones

unas botas
nas botas

Page 89

Para practicar los deportes

Nombre _____

Tell which items are necessary to participate in each sport shown.

1. Jugamos el fútbol con *un balón y unos zapatos de tenis.*

2. Jugamos el béisbol con *una pelota, un bate, un guante y unos zapatos de tenis.*

3. Jugamos el baloncesto con *un balón, una canasta, y unos zapatos de tenis.*

4. Jugamos el tenis con *una raqueta, una red, una pelota y unos zapatos de tenis.*

Page 90

Las comparaciones
Comparisons

Nombre _____

To compare two things or people in Spanish use the following:

más + adjective + que.
(more _____ than)

ejemplo: Antonio es **más alto** que Pablo.
(Antonio is taller than Pablo.)

Note: Remember that adjectives must agree in gender and number with the nouns they modify.

ejemplos: Ana es más alta que María.
Los carros son más grandes que las bicicletas.

Write statements in Spanish comparing the following people and things using the adjectives given.

1. (gordo) *Miguel es más gordo que Alberto.*

2. (bonita) *Mimí es más bonita que Bruno.*

3. (morena) *Rosa es más morena que Elena.*

4. (grande) *La manzana es más grande que la fresa.*

5. (pequeño) *El gato es más pequeño que el elefante.*

Page 91

Las comparaciones

Nombre _____

Another way to compare two people or things is to use:

menos + adjective + que.
(less _____ than)

ejemplos: Pablo es **menos** alto que Antonio.
(Pablo is less tall than Antonio.)

María es menos alta que María.

Pablo   Antonio   Ana   María

Write statements in Spanish comparing the following people and things using menos/que.

1. (grande) *La bicicleta es menos grande que el carro.*

2. (simpático) *Paco es menos simpático que Beto.*

3. (interesante) *La televisión es menos interesante que la película.*

4. (inteligente) *Catalina es menos inteligente que Estela.*

5. (altas) *Las chicas son menos altas que los chicos.*

6. (gordas) *Las jirafas son menos gordas que los cerdos.*

Page 92

Las comparaciones

Nombre_____

You can compare things that are equal by using the expression:

tan + adjective + como
(as _____ as)

ejemplo: El español es **tan** importante **como** el inglés.
(Spanish is as important as English.)

Tell that the two people or items mentioned are equal in the given quality.

1. el perro – el gato/antipático

El perro es tan antipático como el gato.

2. Susana – Julia/bonita

Susana es tan bonita como Julia.

3. las palomitas – la raspadilla/deliciosas

Las palomitas son tan deliciosas como la raspadilla

4. José – Javier/alto

José es tan alto como Javier.

5. la casa #1 – la casa #2/grande

La casa #1 es tan grande como la casa #2.

Las comparaciones – práctica

Nombre_____

Practice all three types of comparisons by writing the following sentences in Spanish.

1. Cars are larger than bicycles.

Los carros son más grandes que las bicicletas

2. Mothers are as smart as fathers.

Las madres son tan inteligentes como las padres.

3. School is less interesting than the beach.

La escuela es menos interesante que la playa.

4. Juana is as nice as Rita.

Juana es tan simpática como Rita.

5. My house is smaller than my school.

Mi casa es más pequeña que mi escuela.

6. Andrés is taller than his brother.

Andrés es más alto que su hermano.

7. Tennis is as fun as volleyball.

El tenis es tan divertido como el volibol

8. Pigs are fatter than dogs.

Los cerdos son más gordos que los perros.

9. The student is not as tall as the teacher.

El estudiante no es tan alto como al maestro.

10. Anita is not as pretty as my mother.

Anita no es tan bonita como mi madre.

11. The cat is not as mean as the bird.

El gato no es tan antipático como el pájaro.

12. The chair is not bigger than the refrigerator.

La silla no es más grande que el refrigerador.

¿Cuánto cuesta?

Nombre_____

A sale is on at your favorite clothing store. Ask the salesperson how much each item in parentheses costs. Then write her response using the given price.

ejemplos: (socks) ¿Cuánto cuestan los calcetines?
(10 p) Cuestan diez pesos.

1. (shorts) _¿Cuánto cuestan los pantalones cortos?_
(30 p) _Cuestan treinta pesos._

2. (ties) _¿Cuánto cuestan las corbatas?_
(20 p) _Cuestan veinte pesos._

3. (dress) _¿Cuánto cuesta el vestido?_
(100 p) _Cuesta cien pesos._

4. (swimsuit) _¿Cuánto cuesta el traje de baño?_
(70 p) _Cuesta setenta pesos._

5. (sunglasses) _¿Cuánto cuestan las gafas de sol?_
(20 p) _Cuestan veinte pesos._

6. (shoes) _¿Cuánto cuestan los zapatos?_
(40 p) _Cuestan cuarenta pesos._

7. (pants) _¿Cuánto cuestan los pantalones?_
(80 p) _Cuestan ochenta pesos._

8. (shirt) _¿Cuánto cuesta la camisa?_
(60 p) _Cuesta sesenta pesos._

9. (socks) _¿Cuánto cuestan los calcetines?_
(10 p) _Cuestan diez pesos._

¿De dónde vienes?
Where do you come from?

Nombre_____

Venir			
yo	vengo	nosotros/as	venimos
tú	vienes		
usted		ustedes	
él }	viene	ellos }	vienen
ella		ellas	

The verb **venir** (to come) is irregular.

ejemplo: ¿De dónde vienes tú?
(Where do you come from?)

Yo vengo de Bolivia.
(I come from Bolivia.)

Use the verb **hablar** (to speak) with the name of the language spoken.

ejemplo: Hablo español. (I speak Spanish.)

Using the verb **venir**, tell where the following people come from and what language they speak.

1. José _viene_ de México.
Habla _español._

2. Las chicas _vienen_ de Francia.
Hablan _francés._

3. Nosotros _venimos_ de Japón.
Hablamos _japonés._

4. Francesca y Marcello _vienen_ de Italia.
Hablan _italiano._

5. Ustedes _vienen_ de Rusia.
Hablan _ruso_.

6. Yo _vengo_ de Alemania.
Hablo _alemán_.

7. Ana _viene_ de Portugal.
Habla _portugués._

8. Tú _vienes_ de Inglaterra.
Hablas _inglés_.

South America

Languages spoken around the world.
español – Spanish
inglés – English
francés – French
alemán – German
ruso – Russian
portugués – Portuguese
italiano – Italian
japonés – Japanese
chino – Chinese
Note: They are not capitalized in Spanish.

 1-56822-198-3 • Spanish

Hay
There Is/There Are
Nombre_____

Hay is an expression meaning "there is" or "there are." It can be followed by a singular or a plural noun. It is often used with the question words **qué** and **cuántos/as**.

¿Qué **hay** en el refrigerador? (What is there in the refrigerator?)
Hay leche en el refrigerador. (There's milk in the refrigerator.)

¿Cuántos chicos **hay** en la clase? (How many boys are there in the class?)
Hay doce chicos en la clase. (There are twelve boys in the class.)

¿Cuántas casas **hay** en la calle? (How many houses are there on the street?)
Hay veinte casas en la calle. (There are twenty houses on the street.)

Note: Cuántos is an adjective. Therefore it has both masculine and feminine forms.

Since **hay** is a verbal expression, put **no** in front of it to make it negative.

No **hay** libros aquí. (There are not books here./ There aren't any books here.)

Mire las fotos y escriba las respuestas.

1. ¿Cuántos chicos hay en la familia?
   Hay tres chicos en la familia.
2. ¿Cuántas chicas hay en la familia?
   No hay chicas en la familia.
3. ¿Hay un padre?
   Sí, hay un padre.
4. ¿Hay una madre?
   Sí, hay una madre.

1. ¿Hay perros en la foto?
   Sí, hay perros en la foto.
2. ¿Cuántos perros hay en la foto?
   Hay tres perros en la foto.
3. ¿Cuántos gatos hay?
   Hay dos gatos.
4. ¿Cuántos pájaros hay?
   Hay dos pájaros.

Mónica y Carlos
Nombre_____

Lea los párrafos y conteste las preguntas.

¡Hola! Me llamo Mónica Sánches. Yo soy de España. Yo soy la amiga (friend) de Carlos Molina.

Carlos es de los Estados Unidos. Carlos es fantásticio. Él es bajo, rubio, y sincero. Le gustan los deportes. A mí también. Nos gusta el tenis y el fútbol. No nos gusta nadar o correr.

Yo soy estudiante en una escuela en Barcelona. Carlos es estudiante en una escuela en Tarragona. Me gusta la clase de historia y me gustan mucho las matemáticas. A Carlos no le gustan las matemáticas, pero a él le gusta la clase de historia también. Nosotros somos inteligentes.

1. ¿Es Mónica de los Estados Unidos?
   No, ella es de España.
2. ¿Es Carlos de España?
   No, él es de los Estados Unidos.
3. ¿Cómo es Carlos?
   Carlos es bajo, rubio y sincero.
4. ¿A Carlos le gustan los deportes?
   Sí, le gustan los deportes.
5. ¿A Mónica también le gustan los deportes?
   Sí, le también gustan los deportes.
6. ¿A ellos les gusta correr?
   No, no les gusta correr.
7. ¿Dónde está la escuela de Mónica?
   La escuela está en Barcelona.
8. ¿Dónde está la escuela de Carlos?
   La escuela está en Tarragona.
9. ¿A Mónica le gusta la historia?
   Sí, le gusta la historia.
10. ¿Son ellos inteligentes?
    Sí, ellos son inteligentes.

Anita
Nombre_____

Lee los párrafos y contesta las preguntas. (Read the paragraphs and answer the questions.)

Anita vive en Santiago. Ella es de Chile. Ella habla español y habla inglés también. Le gusta la clase de inglés en la escuela. Ella es muy inteligente, pero no le gusta la profesora de biología. Le gusta mucho la clase de geografía. Le gusta llevar una camiseta y unos bluejeans a la escuela. Le gusta cantar y bailar.

1. ¿Dónde vive Anita?
   Ella vive en Santiago.
2. ¿Es Anita de México?
   No, ella es de Chile.
3. ¿Qué clases le gustan a Anita?
   Le gustan las clases de inglés y geografía.
4. ¿Qué le gusta llevar a la escuela?
   Le gusta llevar una camiseta y blue jeans
5. ¿Habla Anita francés?
   No, ella habla español y inglés.

Pablo

Pablo es muy deportivo. Le gusta el fútbol. Él es alto, rubio, y guapo. Él trabaja con su tío. Le gusta la escuela, las clases, y los maestros. Le gustan los estudiantes. Pablo y sus amigos escuchan a la radio y miran la televisión.

1. ¿Es Pablo deportivo?
   Sí, él es muy deportivo.
2. ¿Es Pablo bajo y pelirrojo?
   No, no él es bajo y pelirrojo.
3. ¿Estudia él con sus amigos?
   No, no él escucha a la radio y mira la televisión.
4. ¿Le gusta la escuela?
   Sí, le gusta la escuela.

Repaso de vocabulario
Vocabulary Review
Nombre_____

Use the clues below to solve the crossword puzzle.

Across

1. donde lavamos los platos
6. sábado y domingo
7. está encima de la casa
8. en el verano hace mucho ____.
11. se necesita para el volibol y el tenis
13. jugamos este deporte con una red y un balón
16. entre la mañana y la noche
18. en diciembre hace mucho ____.
19. necesitamos estos para esquiar
20. donde compramos helado

Down

2. cubierta para el suelo
3. escucho música en la ____.
4. en el otoño hace mucho ____.
5. la estación cuando hace frío
8. comemos aquí
9. caminamos sobre esto
10. ¿Qué tiempo hace en abril?
12. el contrario de delante
14. jugamos el volibol, el fútbol, y el baloncesto con esto
15. el contrario de cerca
17. el contrario de debajo

Crossword answers: FREGADERO, FINDESEMANA, TECHO, RED, VOLIBOL, TARDE, FRIO, BASTONES, HELADERIA

1-56822-198-3 • Spanish

Buscapalabras

Nombre _____

Write the following words in Spanish.

1. to be _ser_
2. boring _aburrido_
3. to cry _llorar_
4. easy _fácil_
5. factory worker _obrero_
6. good-looking _guapo_
7. to greet _saludar_
8. journalist _periodista_
9. lawyer _abogado_
10. midnight _medianoche_
11. nurse _enfermera_
12. to open _abrir_
13. to read _leer_
14. sad _triste_
15. sandals _sandalias_
16. shoes _zapatos_
17. sixty _sesenta_
18. tie _corbata_
19. what _qué_
20. to work _trabajar_

Identifica la ropa en las fotos.

La chaqueta	_los calcetines_	_los zapatos_	_el suéter_
la camiseta	_el vestido_	_los pantalones cortos_	_el traje de baño_

Escriba los números.

1. cincuenta _50_
2. trescientos _300_
3. mil _1,000_
4. quinientos _500_
5. setecientos _700_
6. setenta y dos _72_
7. noventa y uno _91_
8. un millón _1,000,000_
9. cuatro mil _4,000_
10. sesenta _60_

Page 102

About the book . . .

Learning Spanish is fun and easy with Instructional Fair's Spanish activity book. This book was designed especially to help middle school/high school students speak, read, and write the Spanish language. Picture association enables students to easily acquire the very functional concepts and vocabulary portrayed in this book. You will be amazed at the fun students will have and the ease with which they can learn a foreign language.

Note: Instructional Fair has also designed an elementary Spanish book containing a great deal of vocabulary which is beneficial to anyone wanting to learn Spanish.

To use the book . . .

a. Read each title and its meaning.
b. Read all directions.
c. Look at each picture (where appropriate) and follow the directions for each activity.
d. Review many of the concepts by completing the various exercises and puzzles included in the book.
3. Use the answer key to check your work.

Credits . . .

Illustrations: Kristina VanOss
Author: Rose Thomas
Project Director: Sue Sutton
Editor: Teresita Long
Production: Claire Rosewall-Timmons
Cover Photo: Frank Pieroni